essentials

Essentials liefern aktuelles Wissen in konzentrierter Form. Die Essenz dessen, worauf es als „State-of-the-Art" in der gegenwärtigen Fachdiskussion oder in der Praxis ankommt. Essentials informieren schnell, unkompliziert und verständlich.

- als Einführung in ein aktuelles Thema aus Ihrem Fachgebiet
- als Einstieg in ein für Sie noch unbekanntes Themenfeld
- als Einblick, um zum Thema mitreden zu können.

Die Bücher in elektronischer und gedruckter Form bringen das Expertenwissen von Springer-Fachautoren kompakt zur Darstellung. Sie sind besonders für die Nutzung als eBook auf Tablet-PCs, eBook-Readern und Smartphones geeignet.

Essentials: Wissensbausteine aus Wirtschaft und Gesellschaft, Medizin, Psychologie und Gesundheitsberufen, Technik und Naturwissenschaften. Von renommierten Autoren der Verlagsmarken Springer Gabler, Springer VS, Springer Medizin, Springer Spektrum, Springer Vieweg und Springer Psychologie.

Werner Sauter · Franz-Peter Staudt

Strategisches Kompetenzmanagement 2.0

Potenziale nutzen – Performance steigern

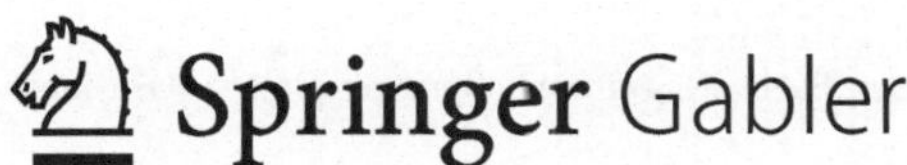

Werner Sauter
Blended Solutions GmbH
Berlin
Deutschland

Franz-Peter Staudt
R&S The Competence House GmbH
Köln
Deutschland

ISSN 2197-6708
essentials
ISBN 978-3-658-11293-6
DOI 10.1007/978-3-658-11294-3

ISSN 2197-6716 (electronic)

ISBN 978-3-658-11294-3 (eBook)

Die Deutsche Nationalbibliothek verzeichnet diese Publikation in der Deutschen Nationalbibliografie; detaillierte bibliografische Daten sind im Internet über http://dnb.d-nb.de abrufbar.

Springer Gabler

Gedruckt auf säurefreiem und chlorfrei gebleichtem Papier

Springer Fachmedien Wiesbaden ist Teil der Fachverlagsgruppe Springer Science+Business Media (www.springer.com)

Vorwort

Management der Mitarbeiterkompetenzen – der entscheidende Wettbewerbsfaktor in der Enterprise 2.0

> Echte Freiheit besteht nicht im Fehlen von Organisation – so dass die Mitarbeiter tun und lassen können, was sie wollen –, sondern in einer eindeutigen Organisation, die es den Menschen ermöglicht, innerhalb eines bestimmten Rahmens frei und kreativ zu arbeiten.
> Erich Fromm [1]

Mitarbeiterkompetenzen[2] werden zu einem entscheidenden Wettbewerbsfaktor und müssen genauso professionell erfasst, ausgerichtet und gemanagt werden wie andere Produktionsfaktoren. Durch strategisches Kompetenzmanagement nutzen Unternehmen diese Erfolgspotenziale effektiv und effizient.

Angesichts der zunehmenden Automatisierungen und neuester Technologien gewinnt die Frage an Bedeutung, wie wir morgen arbeiten und lernen werden. Welche Konsequenzen ergeben sich aus der verstärkten Rolle von Computersystemen im Arbeitsprozess für die menschliche Arbeit und welche Konsequenzen leiten sich daraus für das Management der Kompetenzen in der Zukunft der Enterprise 2.0 und des Social Business ab. Diese Frage versucht der Ansatz des strategieorientierten Kompetenzmanagements 2.0 zu beantworten.

Strategieorientiertes Kompetenzmanagement 2.0 ist nach diesem Verständnis eine Managementdisziplin, die es allen Mitarbeitern ermöglicht, ihr individuelles Kompetenzmanagement im Rahmen der strategischen Ziele und mithilfe bedarfs-

---

[1] Zitiert nach Seifter, H., Economy, P. (2001).

[2] Der Inhalt der vorliegenden Publikation bezieht sich in gleichem Maße auf Frauen und Männer. Aus Gründen der besseren Lesbarkeit wird jedoch die männliche Form für alle Personenbezeichnungen gewählt. Die weibliche Form wird dabei stets mitgedacht.

gerechter Kompetentmanagement-Systeme im Netz zu planen und umzusetzen. Ziel ist es, die Potenziale der Unternehmen im Bereich der Mitarbeiterkompetenzen effizient zu nutzen und zielorientiert zu entwickeln.

Kompetenzentwicklung kann nur erfolgreich umgesetzt werden, wenn sie sich an den strategischen Unternehmenszielen ausrichtet. Strategische Entscheidungen determinieren die Kompetenzen, die mit einem Kompetenzmanagement gesteuert werden. Auch müssen sich die Ziele und die Struktur des Kompetenzmanagements an den vorhandenen Organisations- und Kompetenzstrukturen sowie an Prozessen, Technologien und informationstechnischer Infrastruktur orientieren. Die im Unternehmen schon vorhandene Technologie setzt Maßstäbe an ein Kompetenz-Management-System, dessen Ausgestaltung und die Kompetenzmanager. Deshalb schlägt sich die Entwicklung zur Enterprise 2.0, zum Social Business, auch direkt in der Gestaltung des Kompetenzmanagements nieder.

Das Kompetenzmanagement muss Strukturen, Systeme, Methoden und Werkzeuge entwickeln, die eine permanente, immer aktuelle Transparenz der Kompetenzen und Potenziale von Mitarbeitern, für sie selbst, aber auch für das Gesamtunternehmen, gewährleisten, Geschäftsprozesse sowie Kompetenzentwicklung koppeln, die Prozesse über die Gestaltung des Ermöglichungsrahmens fördern und begleiten. Innovative Kompetenz-Management-Systeme verknüpfen wesentliche interne und externe Prozesse, die das Erkennen der Potenziale und Entwicklungsmöglichkeiten der Talente auf allen Unternehmensebenen, die Ermöglichung der notwendigen Kompetenzentwicklungsprozesse sowie das Übertragen von Funktionen und komplexen Aufgaben an geeignete Führungskräfte und Mitarbeiter einschließen.[3] Die Hürden, die man in den Unternehmen überwinden muss, um diesen Weg zu gehen, sind hoch, aber überwindbar.

Es ist deshalb notwendig, mit lieb gewonnen Lernroutinen aufzuräumen und den Aufbau sowie die Implementierung einer Konzeption der Kompetenzentwicklung zu ermöglichen, die sich konsequent an den strategischen Erfordernissen der Unternehmung ausrichtet. Deshalb ist Kompetenzmanagement 2.0 immer auch Veränderungsmanagement, das in einem ganzheitlichen, strategisch orientierten Implementierungsprozess für die Anforderungen gestaltet wird, die sich aus dem Konzept der Enterprise 2.0 ableiten. Es verknüpft dabei die Ebenen der Mitarbeiter mit ihren Kompetenzprofilen sowie den Kernkompetenzen der Unternehmen und umfasst alle Bereiche der Kompetenzerfassung und Kompetenzentwicklung der Mitarbeiter mit dem Ziel, die Wettbewerbsfähigkeit der Unternehmung zu optimieren.[4]

---

[3] Vgl. Heyse, V., Ortmann, S. (2008); Steinweg, S. (2009).

[4] Vgl. Grote, S., Kauffeld, S., Frieling, E. (Hrsg.) (2. Auflage 2012).

Diese Rollen müssen sich die Kompetenzmanager im Laufe der Zeit erkämpfen. Hierfür eignen sich besonders strategieorientierte, innovative Lernprojekte, die zeitnah messbare Erfolge zeigen. Dabei nutzt das zentrale Kompetenzmanagement sein eigenes Netzwerk, um für das Unternehmen einen optimalen Mix aus eigenen Entwicklungen und Lernlösungen am Markt zu entwickeln und zu implementieren

Berlin und Köln   Werner Sauter
im April 2015   Franz-Peter Staudt

Was Sie in diesem Essential finden können

- Sie erfahren, warum jedes Unternehmen ein professionelles Kompetenzmanagement benötigt, und bekommen ein Einblick in bedarfsgerechte Lösungen aus der Praxis.
- Sie können die Rolle des Kompetenzmanagements für Ihr Unternehmen bewerten und erhalten Erläuterungen zur Gestaltung und Entwicklung von Kompetenzmodellen.
- Sie bekommen praxiserprobte Hinweise zur Gestaltung der Entwicklungs- und Implementierungsprozesse für Kompetenzmanagement-Systeme und lernen die wichtigsten Instrumente kennen. Sie erfahren weiter, welche Konsequenzen die Entwicklung zur Enterprise 2.0 für die Gestaltung des Kompetenzmanagements 2.0 hat.
- Damit können Sie einschätzen, welches die wichtigsten Erfolgsfaktoren für Kompetenz-Management-Systeme in der Zukunft sind.

Inhaltsverzeichnis

Rolle des Kompetenzmanagements 1

Aus den technologischen, strukturellen und gesellschaftlichen Entwicklungen ergeben sich neue Anforderungen an die Unternehmen und die Kompetenzen ihrer Mitarbeiter. Benötigt werden immer mehr Persönlichkeiten, die durch kreatives Denken, ungewöhnliche Ansätze und die Einbeziehung von Erkenntnissen auch außerhalb ihres Fachgebiets den Fortschritt voranbringen. Nur Unternehmen, die proaktiv die notwendigen Kompetenzen definieren, identifizieren und entwickeln, werden in Zukunft erfolgreich sein. Unternehmen müssen sich von der reinen zahlenbetriebenen, betriebswirtschaftlichen Sicht lösen und Organisationsstrukturen und Rahmenbedingungen schaffen, in denen sich Menschen entfalten können.

Die Unternehmen entwickeln sich zur *Enterprise 2.0*. Darunter verstehen wir Unternehmen, die Soziale-Software-Plattformen in Kommunikation innerhalb der Organisation, aber auch mit Partnern und Kunden nutzen.[1] Entsprechend verändert sich das Kompetenzmanagement.

Strategisches Kompetenzmanagement 2.0 verknüpft zentrale Steuerungsinstrumente, wie z. B. Kompetenzmodelle, Soll-Profile und Kompetenz-Map, mit einem Ermöglichungsrahmen für Kompetenzmessung und selbstorganisierte Kompetenzentwicklung.

Damit ermöglicht es den Unternehmen, das Wissen, die Kompetenzen und die Potenziale der Mitarbeiter effektiv und effizient zu nutzen. Dies setzt voraus, dass alle Kompetenzen im Unternehmen beschrieben und transparent gemacht und alle Mitarbeiter und Führungskräfte in die Lage versetzt werden, Kompetenzen zu messen, zu erwerben und laufend zielorientiert und selbstorganisiert weiterzuentwickeln (Abb. 1.1)

In der Praxis hat sich hierbei die *Kompetenzdefinition* von John Erpenbeck und Volker Heyse durchgesetzt. Sie verstehen darunter die Fähigkeit aller Mitarbeiter,

---

[1] McAfee (3. Aufl. 2010), S. 18.

© Springer Fachmedien Wiesbaden 2016
W. Sauter, F.-P. Staudt, *Strategisches Kompetenzmanagement 2.0*, essentials,
DOI 10.1007/978-3-658-11294-3_1

1

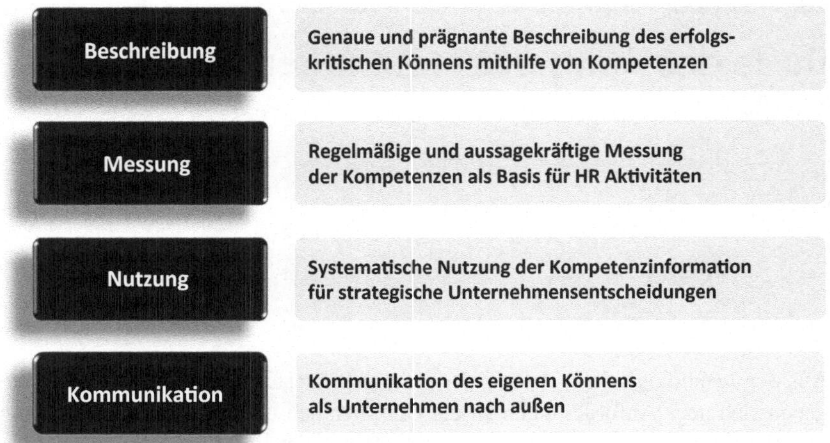

Abb. 1.1 4 Kernpunkte eines erfolgreichen Kompetenzmanagements. (Aus „Demographischer Wandel und Strategische Personalentwicklung"; Kienbaum (2012), S. 24)

sich auch in offenen und unüberschaubaren komplexen und dynamischen Situationen selbstorganisiert zurechtzufinden.[2]

In Zukunft werden es sich Unternehmen aufgrund des Fachkräftemangels nicht mehr leisten können, auf die Kompetenzentwicklung *aller* Mitarbeiter zu verzichten. Zudem erfordern die heutigen Organisationsstrukturen, wie flache Hierarchien und dezentrale Organisationseinheiten, auf allen Ebenen kompetente Mitarbeiter. Dieses breit verstandene, strategieorientierte „Talentmanagement" setzt deshalb ein Kompetenzmanagement voraus, das selbstorganisiertes, eigenverantwortliches Handeln, Lernen und Entwickeln aller Mitarbeiter ermöglicht.[3]

1.1 Ziele des strategischen Kompetenzmanagements

Hieraus leiten sich die zukünftigen Ziele des strategieorientierten Kompetenzmanagements 2.0 ab. Kompetenzmanagement 2.0 leistet einen wesentlichen Beitrag, um

- die strategischen Unternehmensziele zu erreichen,
- Personalmaßnahmen konsequent an der Unternehmensstrategie auszurichten,

---

[2] Erpenbeck und Heyse (2007).
[3] Vgl. Sauter und Sauter (2013).

- Kompetenzentwicklungsmaßnahmen gezielt an den Strukturen und Prozessen der Enterprise 2.0 auszurichten,
- notwendige Kompetenzen zur Zielerreichung zu identifizieren und transparent zu machen,
- bereits vorhandene Kompetenzen sichtbar zu machen,
- die Mitarbeiter entsprechend ihren Kompetenzen einzusetzen,
- soziale Medien entschlossen zur Entwicklung der unternehmensweiten Kompetenzen einzusetzen,
- den Austausch von Erfahrungswissen im Unternehmen aktiv zu unterstützen (Wissensmanagement),
- die Netzwerkbildung im Unternehmen und mit Partnern zu fördern,
- Rekrutierungsprozesse und die Personalauswahl zu optimieren,
- Kompetenzentwicklungs-Maßnahmen individuell und zielgenau durchzuführen,
- verschiedene Personalprozesse, von der Personalauswahl bis zur Nachfolgeplanung, zu integrieren und Friktionen abzubauen,
- die Leistungsbereitschaft der Mitarbeiter zu steigern,
- Leistungsträger langfristig ans Unternehmen zu binden,
- die Qualität zu steigern und
- die Innovationsfähigkeit zu fördern.

Diese Wirkungen schlagen sich letztendlich in einer höheren Performanz des Unternehmens bei geringeren Kosten nieder. Damit wird klar, dass Kompetenzmanagement 2.0 sowohl im Sinne der Mitarbeiter als auch im Sinne der Shareholder wirkt. Die richtigen Mitarbeiter mit den richtigen Kompetenzen und Skills zur richtigen Zeit am richtigen Ort zu haben, verbessert die Umsatz- und Ertragssituation der Unternehmen.

1.2 Handlungsfelder des strategischen Kompetenzmanagements

Das zentrale Kompetenzmanagement übernimmt im Rahmen dieser Ziele zukünftig die Rolle eines proaktiven und strategieorientierten Gestalters und Begleiters der Kompetenzentwicklungsprozesse im Unternehmen. Dabei müssen sich die Kompetenzmanager an den individuellen Zielen und Bedürfnissen der Mitarbeiter *und* an den Zielen, die sich aus der Unternehmensstrategie ableiten, orientieren (Abb. 1.2).

Kompetenzmanagement erfordert einen Ausgleich zwischen den individuellen Zielen und Bedürfnissen der Mitarbeiter und den strategischen Zielen der Unternehmen.[4]

---

[4] Vgl. North et al. (2013).

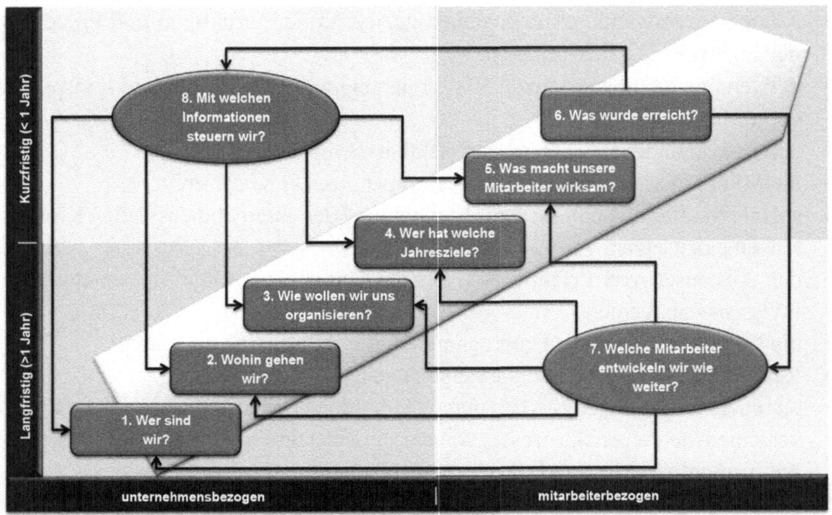

Abb. 1.2 Kernfragen eines integrierten strategischen Kompetenzmanagements. (Vgl. Malik 2007)

- *Mitarbeitersicht*: Aus diesem Blickwinkel unterstützt das Kompetenzmanagement die persönliche Karriereplanung und die gezielte Gestaltung und Steuerung der individuellen Kompetenzentwicklung. Es beschreibt, bewertet und identifiziert die vorhandenen Kompetenzen. Daraus können die Entwicklungspotenziale der einzelnen Mitarbeiter abgeleitet werden.
- *Unternehmenssicht*: Kompetenzmanagement spielt die zentrale Rolle bei der Umsetzung der Unternehmensziele. Als Managementdisziplin dient es als Grundlagensystem für die zentralen Personalprozesse wie
  - Rekrutierung und Passung,
  - Beurteilung und Diagnose,
  - Entwicklung und Weiterbildung,
  - Führung,
  - Performancemanagement,
  - Nachfolge- und Karriereplanung,
  - Retention- und Risikomanagement[5] usw.

Daraus leiten sich folgende Handlungsfelder des strategischen Kompetenzmanagements 2.0 ab (Abb. 1.3)[6].

---

[5] Retention-Management verfolgt das Ziel, Mitarbeiter langfristig an das Unternehmen zu binden.

[6] Nach Malik (2007).

Abb. 1.3 Handlungsfelder des strategischen Kompetenzmanagements 2.0

- *Prozesssicht*: Kompetenzmanagement integriert und systematisiert alle Prozesse der Personalgewinnung, des Personaleinsatzes und der Personalentwicklung auf Basis der Kompetenzmodelle.[7] Es integriert hierbei insbesondere folgende Aufgaben:[8]
  - *Erfassen*: Die Kompetenzen der einzelnen Mitarbeiter werden erfasst und dokumentiert. Aus der strukturieren Zusammenfassung aller Mitarbeiterkompetenzen entsteht in der Summe die Unternehmenskompetenz. Damit kann eine strukturierte Dokumentation und Analyse aller vorhandenen Kompetenzen, sowohl auf Mitarbeiter-, Team-, Abteilungs- und Unternehmensebene, entwickelt werden.
  - *Reflexion*: Durch den Abgleich der vorhandenen Kompetenzen mit den in der Zukunft notwendigen Kompetenzen werden Entwicklungsbedarfe und Potenziale im Kompetenzbereich identifiziert. Damit wird es möglich, die Entwicklung von Kompetenzen individuell und zielgerichtet zu initiieren.
  - *Vervielfältigung*: Kompetenzen und Wissen werden über alle Ebenen der Organisation hinweg verteilt und verbreitet. Deshalb ist eine Integration von Kompetenz- und Wissensmanagement notwendig.

---

[7] Vgl. Sonntag und Stegmaier (2007).
[8] Vgl. North et al. (2013b).

Abb. 1.4 Strategische und operative Ausrichtung des Kompetenzmanagements. (Nach Barthel et al. (2011))

- *Entwicklung*: Die bestehenden Kompetenzportfolios werden unter Berücksichtigung der Werte und des vorhandenen Potenzials laufend an die zukünftigen Anforderungen aus der Strategieentwicklung angepasst. Dies ermöglicht zielorientierte Kompetenzentwicklungs-Prozesse.
- *Unternehmenskultur (Corporate Culture)*: Dieses System von Normen, Werten und Regeln, die das Wahrnehmen, Denken und Handeln aller Mitarbeiter und Führungskräfte bestimmt, muss sich im Prozess des Kompetenzmanagements ebenfalls grundlegend verändern.[9] Die Verantwortung für die eigene Kompetenzentwicklung trägt der Mitarbeiter. Ein Ermöglichungsrahmen bietet Gestaltungsräume für selbstorganisiertes Lernen und ist durch Fehlertoleranz, die Ausrichtung auf Ergebnis-, Ressourcen-, Kompetenz- und Entwicklungsorientierung, Offenheit, Wertschätzung und Transparenz geprägt.
- *Strategische und operative Sicht*: Das Kompetenzmanagement stellt eine Verbindung zwischen den strategischen Anforderungen und der operativen Anwendbarkeit her. Deshalb ist es in alle Unternehmensprozesse zu integrieren, um die vorhandenen Kompetenzen bestmöglich zu nutzen und Kompetenzentwicklungsmöglichkeiten aktiv nutzen zu können (Abb. 1.4).

---

[9] Vgl. Schein (1995).

1.3 Kompetenzmanagement als Wertemanagement

Werte spielen im Rahmen des Kompetenzmanagements eine zentrale Rolle. In jedem Kompetenzentwicklungsprozess bewerten Mitarbeiter, Gruppen oder Unternehmen ein Objekt, ein Ding, eine Eigenschaft, einen Sachverhalt oder eine Beziehung auf der Grundlage von früherem Wissen und bereits angeeigneten Werten und anhand von gemeinsam erarbeiteten Wertmaßstäben. Die Ergebnisse aus solchen Wertungsprozessen bezeichnen wir als *Werte*. Es gibt kein kompetentes Handeln ohne Werte. Deshalb ist Kompetenzmanagement ohne den Aspekt der Werte nicht denkbar.[10]

Die grundlegende Funktion von Werten ist die Ermöglichung von Handeln in eine offene Zukunft hinein. Die Zukunft ist aufgrund unendlicher Struktur-, Bewegungs- und Entwicklungszusammenhänge und Selbstorganisation, aufgrund der Komplexität unserer Welt objektiv offen. Deshalb können wir niemals vollständige Kenntnisse über sie gewinnen.

Werte ermöglichen ein Handeln unter der daraus resultierenden prinzipiellen kognitiven Unsicherheit. Sie „überbrücken" oder ersetzen fehlende Kenntnisse, schließen die Lücken zwischen Kenntnissen einerseits und dem Handeln andererseits. Sie haben zuweilen den Charakter extrapolativen Scheinwissens, abergläubischer Gewissheit. Das reicht bis zum Glauben als bewertetem Nichtwissen. Werte sind somit alle sprachlich gefassten oder sprachlich fassbaren Werteresultate, die explizit Empfindungen, Gefühle, Wünsche, Vermutungen, Zweifel, Befürchtungen, Hoffnungen, Bedürfnisse, Interessen, Einstellungen, Meinungen, Haltungen, Ansichten, Überzeugungen, Vorurteile, Ablehnungen usw. enthalten.[11]

Im Wertemanagement muss zwischen den „Human Values" und den „Corporate Values" unterschieden werden:

- *Human Values* sind individuelle Ideen und Ansichten, Orientierungen und Verhaltensweisen, die unter dem Begriff Werte zusammengefasst werden und von Menschen in einer Gruppe, einer Organisation oder einem Unternehmen als wichtig, gut und damit erstrebenswert angesehen werden. Sie beeinflussen nicht nur Urteile und Bewertungen, sondern auch Handlungsweisen in nachhaltiger Weise.[12]
- *Corporate Values* sind die Werte der Unternehmenskultur. Sie umfassen Elemente der sinnlichen Identifizierbarkeit, des ökonomischen Erfolgs, der Unternehmensethik und der Unternehmenspolitik.[13]

---

[10] Vgl. von Rosenstiel (2013).

[11] Vgl. Erpenbeck (2009).

[12] Vgl. Heintze (2005).

[13] Vgl. Wieland (2004).

Kompetenzmodelle 2

Modelle reduzieren unübersichtliche Sachverhalte auf die relevanten Aspekte. Effizientes Kompetenzmanagement benötigt ein Kompetenzmodell, das die Selbstorganisationsvielfalt eines Unternehmens in Netzwerken, in Organisationseinheiten oder in Teams auf die Handlungsfähigkeit einzelner Mitarbeiter konzentriert.[1] Damit sollen hinreichende Prognosen über die zukünftige Leistungsfähigkeit einzelner Mitarbeiter getroffen werden.

2.1 Positionen von Kompetenzmodellen

Kompetenzmodelle kann man als Anforderungskatalog an die Mitarbeiter beschreiben, in welchem die Kompetenzen zur Leistungserbringung und Problemlösung messbar und für jeden verständlich dokumentiert sind. Dabei bieten die Beobachtungs- und Beurteilungsmerkmale und die Ausprägungshöhe der Kompetenzen eine eindeutige und differenzierte Betrachtungsmöglichkeit. Ziel ist es, das gesamte Kompetenzkapital zu nutzen und zu steigern, das im Unternehmen durch die Mitarbeiter repräsentiert wird.

Vorab sind deshalb strategische, strukturelle und prozessuale Fragen zu klären:

- Wie wird die Zukunft des Unternehmens in den kommenden zwei bis drei Jahren aussehen?
- Mit welchen organisatorischen Voraussetzungen will die Unternehmung mit den kommenden Herausforderungen fertigwerden?
- Welche Strukturen werden benötigt, um die Aufgaben erfolgreich zu bewältigen?
- Welche Prozesse sind für den Erfolg der Unternehmung besonders wichtig?

---

[1] Vgl. im Folgenden Erpenbeck et al. (2013, S. 15).

© Springer Fachmedien Wiesbaden 2016
W. Sauter, F.-P. Staudt, *Strategisches Kompetenzmanagement 2.0*, essentials,
DOI 10.1007/978-3-658-11294-3_2

- Wie müssen diese Prozesse gestaltet werden?
- Welche selbstorganisativen, kreativen Fähigkeiten müssen die Mitarbeiter und Führungskräfte aufbauen, damit sie diese Ziele erreichen können?

Die Kompetenzziele, die daraus abgeleitet werden, können in zwei Ausprägungen gestaltet werden:

- *Ein generalisiertes Kompetenzmodell für das gesamte Unternehmen*: Die wichtigsten, allgemeinen Kompetenzen, die alle Mitarbeiter im Unternehmen erfüllen sollten.
- *Viele spezialisierte Kompetenzmodelle*: Auf Basis einer Schnittmenge allgemein wichtiger Kompetenzen werden für einzelne Bereiche, Funktionen oder Prozesse spezifische Kompetenzmodelle entwickelt.

In der Praxis umfassen diese Kompetenzmodelle zwischen 10 und 40 Kompetenzen. Wir haben mit Kompetenzprofilen, die zwischen 12 und 16 Kompetenzen umfassen, gute Erfahrungen gemacht, da sie nicht zu sehr vereinfachen, aber auch noch überschaubar sind.

Für die Erfassung der Kompetenzen haben sich beobachtbare und erschließbare Handlungsanker, d. h. kurze Beschreibungen der Handlungsanforderungen, bewährt (Abb. 2.1).

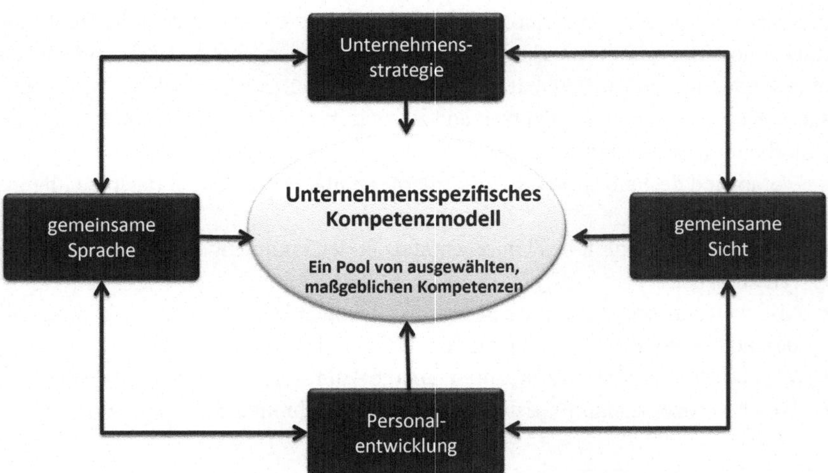

Abb. 2.1 Position eines unternehmensspezifischen Kompetenzmodells. (Vgl. Grote et al. 2012)

Kompetenzmodelle schaffen eine einheitliche Sichtweise auf die strategischen, organisationalen und prozessualen Voraussetzungen, unter denen sich die selbstorganisierte, kreative Handlungsfähigkeit der Mitarbeiter und der Führung, die Kompetenz, kontinuierlich aufbauen kann. Diese Modelle können für verschiedene Unternehmensbereiche, Aufgaben und Prozesse detailliert werden. Damit wird eine gemeinsame Sprache im Unternehmen im Hinblick auf Ziele, Prozesse und Ergebnisse ermöglicht.

Nahezu alle großen Unternehmen nutzen heute eigene, sorgfältig ausgearbeitete, in ihrer Personalauswahl und -entwicklung fest verankerte Kompetenzmodelle. In einer neuen Arbeit „Kompetenzmodelle großer Unternehmen" stellen u. a. Airbus, Bundesanstalt für Arbeit, Daimler, Porsche, Audi, Siemens Healthcare, DB, Deloitte, Telekom, Esterhazy, Globus Baumärkte, Münchner Rück oder die Salzgitter AG ihre Modelle vor. Diese Kompetenzmodelle sind in der Regel in ein umfassend ausgearbeitetes Kompetenzmanagement eingebunden. Zunehmend entwickeln auch mittlere und kleine Unternehmen ein eigenes Kompetenzmanagement.[2]

Obwohl es eine große Vielfalt der Kompetenzmodelle in der Praxis gibt, fallen deutliche Gemeinsamkeiten auf:

- Kompetenzen werden meist als selbstorganisierte und kreative Handlungsfähigkeit definiert,
- die Struktur und die Konstruktion der Kompetenzmodelle ähneln sich,
- die Verknüpfung mit der Personalauswahl und Personalentwicklung ist ähnlich,
- überwiegend eine Erfassung der Kompetenzen durch Ratingverfahren,
- jedoch häufig eine Konzentration auf Qualifizierungsmaßnahmen.

Kompetenzmodelle sollen den Weg in die Zukunft der Unternehmen weisen und die Grundlage für die notwendigen Instrumentarien schaffen.

2.2 Anforderungen an ein Kompetenzmodell

Kompetenzmanagement hat zum Ziel, die Potenziale der Unternehmen im Bereich der Mitarbeiterkompetenzen im Hinblick auf die Unternehmensstrategie effektiv zu nutzen und zielorientiert zu entwickeln.[3] Ein strategieorientiertes Kompetenzmanagement, das alle Mitarbeiter und Führungskräfte umfasst, setzt ein Kompetenzmanagement voraus, das selbstorganisiertes, eigenverantwortliches Handeln

---

[2] Vgl. Erpenbeck et al. (2013).
[3] Sauter und Sauter (2014, S. 239).

und Lernen aller Mitarbeiter, ausgerichtet an den strategischen Zielen und am Werterahmen der Unternehmung, ermöglicht.

In der Literatur kann man unterschiedliche Anforderungen an ein Kompetenzmodell nachlesen. In der Praxis müssen unserer Meinung nach folgende Anforderungen erfüllt sein, um den größten Nutzen für das Unternehmen und die Mitarbeiter zu gewährleisten.

Das Kompetenzmodell

- lässt eine Konzentration auf die wesentlichen, zur Umsetzung der Unternehmensstrategie notwendigen, Kompetenzen zu,
- orientiert sich an der Unternehmensstrategie
- berücksichtigt Unternehmensleitbilder und -werte,
- definiert eindeutige und beobachtbare Handlungsweisen, die man für die Überprüfung der Kompetenzen nutzen kann,
- ist unabhängig von den fachlichen Anforderungen anwendbar,
- wird kontinuierlich an die strategischen Anforderungen angepasst und weiterentwickelt,
- beschreibt die Anforderungen an Mitarbeiter im Unternehmen in einer gemeinsamen, für alle verständlichen Sprache,
- schafft die Grundlage für die Identifikation und Messung von Kompetenzen und deren Ausprägung durch Online-Assessments, Fremd- und Selbsteinschätzungen oder Interviews,
- ermöglicht gezielte Maßnahmen im Rahmen des kompetenzorientierten Personalmanagements.

Dieses strategische Kompetenzmodell weist damit folgende Elemente auf (Abb. 2.2):

2.3 Gestaltung von Kompetenzmodellen

Die Frage, wie Kompetenzmodelle gestaltet werden können, wird maßgeblich durch das zugrunde liegende Kompetenzverständnis beantwortet. Noch immer werden in zahlreichen Unternehmen und Organisationen wunderbar objektive, reliable und valide Persönlichkeitstests eingesetzt und von versierten, testtheoretisch bestens geschulten und statistische Methoden perfekt beherrschenden Psychologen zu einem Maßstab von Personalauswahl und Personalentwicklung gemacht. Dagegen gibt es ernsthafte Einwände.[4] Der ursprüngliche Glaube, durch Intelligenz-

---

[4] Vgl. Erpenbeck und Hasebrook (2011b, S. 227–262).

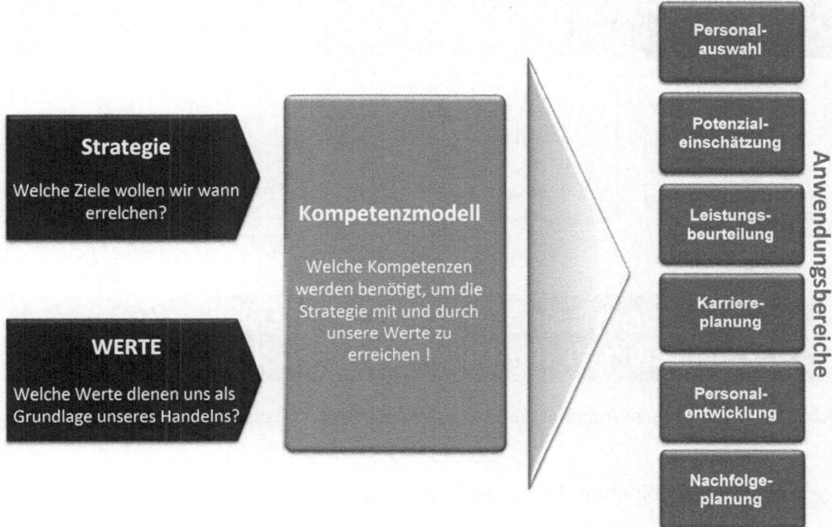

Abb. 2.2 Strategisches Kompetenzmodell und Anwendungsbereiche

und Persönlichkeitstests vernünftige Vorhersagen über das Potenzial an Handlungs- und Arbeitsfähigkeit der Mitarbeiter zu treffen, wurde von McClelland[5] und von Boyatzis[6] bereits frühzeitig widerlegt. Kompetenzen schlagen sich nämlich immer in Handlungen nieder. Sie sind keine Persönlichkeitseigenschaften.[7]

Die sehr stabilen Persönlichkeitseigenschaften sind für Unternehmen bei der Einschätzung von Mitarbeitern oder Bewerbern viel weniger interessant als die vergleichsweise schnell zu entwickelnden Handlungsfähigkeiten in Form von Kompetenzen.[8] Zudem ist der Schluss von Persönlichkeitseigenschaften auf Handlungsfähigkeiten fragwürdig. Selbst wenn beispielsweise die Persönlichkeitseigenschaft Extraversion zu 90 % mit einer hohen Akquisitionsstärke gekoppelt wäre, kann sich ein Unternehmen gehörig und kostenaufwendig irren, wenn es zufällig an einen der 10 % der Bewerber gerät, der zwar vollkommen extrovertiert, aber bei Akquisitionsaufgaben gänzliche Versager sind.

Handeln erfordert stets den „Antriebsmotor" von Emotionen und Motivationen (lat. motio = Bewegung), damit es überhaupt stattfinden kann. Es gibt deshalb

---

[5] McClelland (1972, S. 134–156).

[6] Vgl. Boyatzis (1982).

[7] Erpenbeck und Hasebrook (2011, S. 227–262).

[8] Hossiep und Mühlhaus (2005, S. 15 f.).

Abb. 2.3 Kompetenz-Grunddimensionen. (Vgl. Sauter und Sauter 2014)

keine Kompetenzen ohne Emotionen! Diese Erkenntnis muss sich im Kompetenzmodell niederschlagen.

Im deutschsprachigen Unternehmensbereich hat sich vor allem der Kompetenzbegriff von Erpenbeck und Heyse durchgesetzt. Wir gehen deshalb im Folgenden von Kompetenzen als der Fähigkeit zum selbstorganisierten, kreativen Handeln in Herausforderungen im Prozess der Arbeit aus.[9]

Kompetenzmodelle, die auf diesem Kompetenzbegriff aufbauen, basieren auf dem Prinzip der Selbstorganisation, der Fähigkeit, in offenen, komplexen und dynamischen Situationen selbstorganisiert zu handeln. Die Ergebnisse der Kompetenzbewertungen sind damit handlungsorientiert, nicht eigenschaftsorientiert. Im Folgenden beschreiben wir diesen Ansatz für Kompetenzmodelle am Beispiel von KODE® und KODE®X, die sich in der empirischen Kompetenzforschung und der betrieblichen Praxis weitgehend durchgesetzt haben.

Kompetenzen können danach in vier Grunddimensionen kompetenten Handelns aufgeteilt werden (Abb. 2.3):

- *P – ersonale Kompetenzen* sind Fähigkeiten, sich selbst gegenüber klug und kritisch zu sein, produktive Einstellungen, Werthaltungen und Ideale zu entwickeln.
- *A – ktivitäts- und handlungsorientierte Kompetenzen* sind Fähigkeiten, alles Wissen, die Ergebnisse sozialer Kommunikation sowie persönliche Werte und Ideale willensstark und aktiv umzusetzen und dabei alle anderen Kompetenzen zu integrieren.

---

[9] Erpenbeck et al. (2013, S. 8).

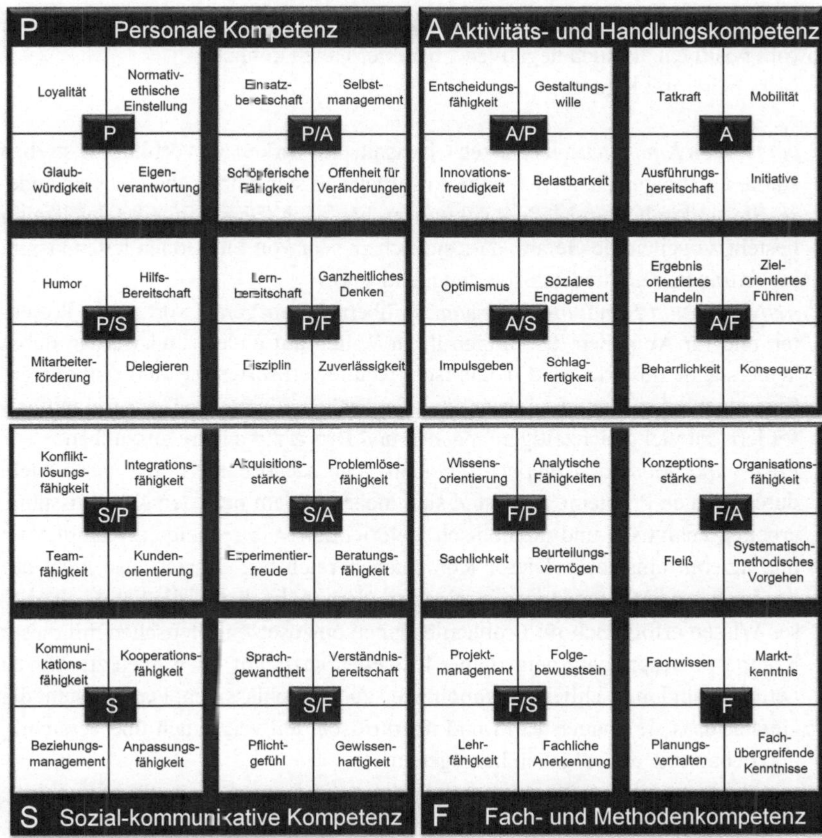

Abb. 2.4 Kompetenzatlas©. (Heyse und Erpenbeck 2009)

- *F – achlich-methodische Kompetenzen* sind Fähigkeiten, mit fachlichem und methodischem Wissen gut ausgerüstet, auch sehr schwierige Probleme schöpferisch zu bewältigen.
- *S – ozial-kommunikative Kompetenzen* sind Fähigkeiten, sich aus eigenem Antrieb mit anderen zusammen- und auseinanderzusetzen, kreativ zu kooperieren und zu kommunizieren.

Diese Kompetenzen können weiter differenziert werden. Ein bewährtes Beispiel dafür ist der Kompetenzatlas nach Heyse und Erpenbeck (Abb. 2.4):[10]

---

[10] Vgl. Heyse und Erpenbeck (2007).

Die einzelnen Kompetenzbereiche sind durch folgende Merkmale geprägt, die sowohl positiven als auch negativen Charakter haben können:[11]
Mitarbeiter mit hohen ...

- *personalen Kompetenzen* besitzen Charisma und wirken als Vorbild. Sie streben starke Leistungen an, stellen hohe Ansprüche an sich selbst, aber auch an andere. Sie sind in hohem Maße loyal und streben nach Gerechtigkeit. Gleichzeitig besteht zuweilen die Gefahr, dass sie sich zu sehr von Emotionen leiten lassen, zu vertrauensselig und selbstverleugnend sind.
- *Aktivitäts- und Handlungskompetenzen* übernehmen Verantwortung in Projekten und für Aufgaben, übertragen ihren Willen auf andere und werden durch Widerstände gestärkt, sind dynamisch, wettbewerbsorientiert und risikobereit. Sie neigen aber manchmal dazu, zu hohe Risiken einzugehen, andere zu überfordern, zu viel gleichzeitig zu machen und Druck auf andere auszuüben.
- *Fach- und Methodenkompetenzen* sind sehr sachorientiert und verlässlich, durchschauen Probleme rasch und sind meist auf dem neuesten Kenntnisstand, arbeiten analytisch und methodisch zielorientiert. Sie reduzieren Komplexität und agieren umsichtig. Dieser Kompetenzbereich bezieht sich also nicht auf das Fach- und Methodenwissen selbst, sondern vielmehr auf die Fähigkeit, dieses Wissen erfolgreich für Problemlösungen einzusetzen. Menschen mit dieser Kompetenzausprägung neigen aber bisweilen dazu, auf ihr Wissen zu sehr zu vertrauen und menschliche Komponenten zu vernachlässigen. Dann besteht die Gefahr, dass sie phantasiearm und überkritisch, teilweise auch übervorsichtig und beharrend, an Aufgaben herangehen.
- *sozial-kommunikative Kompetenzen* besitzen ein feines Gespür für Meinungen, Bedürfnisse und Gefühle anderer, organisieren flexibel die Zusammenarbeit, vermitteln bei Konflikten und lösen Probleme humorvoll und experimentierend. Gelegentlich neigen sie dazu, Konsens überzubetonen, deshalb meiden sie Auseinandersetzungen und artikulieren keine eigene Meinung. Ab und an wirken sie ziellos, ohne Überzeugung und übergesellig.

Diese Kompetenzcluster bilden in vielen Unternehmen die Basis der Kompetenzmodelle und werden in der Regel durch folgende Informationen ergänzt. Diese Struktur hilft den Mitarbeitern bei der Erstellung und der Nutzung des Kompetenzmodells:

---

[11] Vgl. u. a. Heyse et al. (2010).

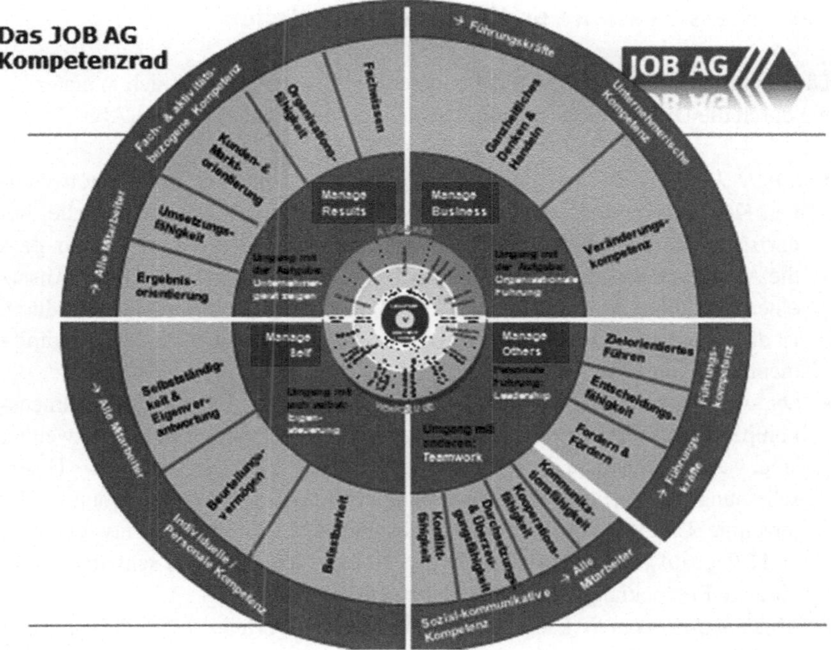

Abb. 2.5 Beispiel eines Kompetenzmodells: Das JOB AG Kompetenzrad vereint das „Malik Führungsrad®". (Vgl. Das Malik Standardmodell der Wirksamkeit TG3: ® („Malik Führungsrad®")) und den „Kompetenzatlas". (Vgl. Heyse und Erpenbeck 2007; JOB AG, eigene Darstellung)

- *Kompetenzfelder,* z. B. „Führungskompetenz"
- *Kompetenzen*, z. B. „Delegationsfähigkeit"
- *Handlungsanker*, z. B. „Überträgt anspruchsvolle Aufgaben und Kompetenzen"

Durch die Handlungsanker, welche konkrete Handlungen beschreiben, werden die Kompetenzen operationalisiert und damit beobachtbar, messbar und beurteilbar. Kompetenzen lassen sich meist mit bis sechs Handlungsankern gut beschreiben. Die Ausprägung der Kompetenzen werden auf Skalen – von „kaum vorhanden" bis zu „außerordentlich stark vorhanden", sogar „im Übermaß vorhanden" (Überziehung) – eingeschätzt. Damit lassen sich Kompetenzmodelle in verschiedenen HR-Konstellationen einsetzen.

Für die Darstellung der Kompetenzmodelle gibt es viele Möglichkeiten. Ein Beispiel dafür ist das Kompetenzrad (Abb. 2.5).

2.4 Klassifikation von Kompetenzmodellen

Die vielfältigen Kompetenz-Modelle in der Praxis unterscheiden sich in erster Linie durch die Differenzierungsmöglichkeiten der Mitarbeiter-Rollen (Abb. 2.6).[12]

- *Single-Job-Modell:* Jede einzelne Tätigkeit wird betrachtet, um die notwendigen Kompetenzanforderungen zu definieren. Damit können individuelle, bedarfsgerechte Personalentwicklungsmaßnahmen abgeleitet werden, so dass die Akzeptanz der Mitarbeiter sehr hoch ist. Allerdings erfordert dieser Ansatz einen sehr hohen Aufwand, um das Modell zu erstellen und zu pflegen. Dadurch ist die Akzeptanz bei den Führungskräften eher gering und erschwert die Implementierung im Unternehmen.
- *One-size-fits-all-Modell (generelles Kompetenzmodell):* Die „Unternehmenskompetenzen", die für die Umsetzung der Unternehmensstrategie notwendig sind, werden allgemein für alle Mitarbeiter definiert. Dabei gibt es keine Unterscheidung nach rollenspezifischen Handlungsweisen, die Anforderung an die jeweilige Tätigkeit oder Aufgabe bleibt unberücksichtigt. Der Entwicklungs- und Pflegeaufwand ist deshalb sehr gering. Es ist jedoch relativ schwierig, individuelle Entwicklungsmaßnahmen abzuleiten.
- *Multiple-Job-Modell:* Dieses Modell vereint die Vorteile der beiden anderen Modelle, ohne deren Nachteile zu übernehmen. Neben dem generellen Ansatz,

Abb. 2.6 Klassifizierung unternehmensspezifischer Kompetenzmodelle

---

[12] Vgl. Mansfield (1996).

unternehmensweit angestrebte Handlungsweisen zu definieren, werden ergänzend zielgruppenspezifische Kompetenzanforderungen einbezogen. Damit finden sich die verschiedenen Mitarbeitergruppen in dem Kompetenzmodell wieder, so dass die Akzeptanz wesentlich gesteigert wird.

Entwicklung eines Kompetenzmodells

Die Entwicklung eines bedarfsgerechten Kompetenzmodells erfolgt in drei Phasen (Abb. 3.1; Vgl. North und Reinhard 2005):

Damit werden unternehmensweit individuelle, selbstorganisierte Kompetenzentwicklungs-Prozesse ermöglicht, die sich an den strategischen Erfordernissen, aber auch den Bedürfnissen der Mitarbeiter, orientieren.

3.1 Modellierungsphase

Am Anfang steht die *Modellierungsphase*, in der das grundlegende Kompetenzmodell und die Methoden der Kompetenzmessung nach den vorher dargestellten Kriterien ausgewählt werden. Ausgangspunkt ist die Unternehmensstrategie, welche einen meist mittelfristigen Zeithorizont (ca. 2 Jahre) betrachtet. Orientiert an diesem Bedarf können das Kompetenzmodell und die Messmethode ausgewählt werden. Damit werden die Kompetenzfelder, die grundlegenden Kompetenzen und Handlungsanker für das Unternehmen vorgegeben. Diese bilden wiederum die Grundlage für das Kompetenz-Messsystem (Abb. 3.2).

3.2 Identifikationsphase

Auf Basis der Ergebnisse aus der Modellierungsphase werden die Anforderungsprofile aller im Unternehmen vorhandener Stellen erhoben und deren Funktionen systematisch erarbeitet. In der Praxis beginnt man mit der Modellierung der geschäftsrelevanten Schlüsselpositionen. Diese können anhand folgender Kriterien identifiziert werden:

© Springer Fachmedien Wiesbaden 2016

W. Sauter, F.-P. Staudt, *Strategisches Kompetenzmanagement 2.0*, essentials,

DOI 10.1007/978-3-658-11294-3_3

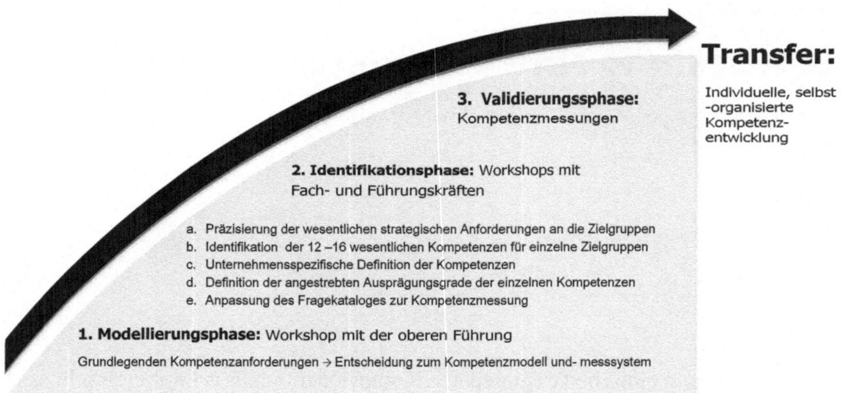

Abb. 3.1 Entwicklungsprozess eines Kompetenzmodells

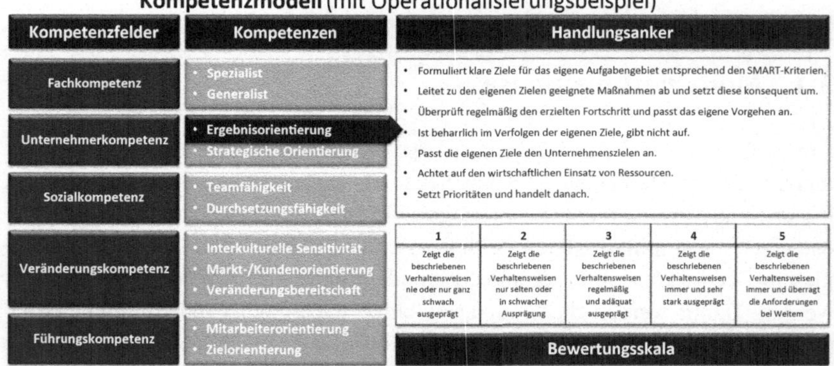

Abb. 3.2 Soll-Kompetenzprofil, mit Operationalisierungsbeispiel (Praxisbeispiel)

- *Strategische Relevanz*:
  - Wird ein direkter Mehrwert für das Unternehmen geschaffen?
  - Werden strategischen Ziele – bezogen auf Markt, Kunde oder Produkt – nicht erreicht, wenn die Stelle nicht besetzt wäre?
  - Würde der kurzfristige Unternehmenserfolg verhindert, wenn die Stelle nicht besetzt wäre?
- *Finanzielle Relevanz*:
  - Hat die Position einen wesentlichen Einfluss auf Umsatz, Gewinn oder Profitabilität?

- Wären kurzfristige Kostensteigerungen oder Umsatzeinbußen zu befürchten, wenn die Stelle nicht besetzt wäre?
- *Vernetzung mit Stakeholdern*:
  - Ist die Position wichtig für die Beziehungen zu den Kunden, Lieferanten oder sonstigen für das Unternehmen wichtige Gruppen?
  - Um wie viele Kontakte handelt es sich?
- *Mangel an geeigneten Kandidaten*:
  - Sind an die Besetzung der Position hohe Anforderungen (Qualifikationen, Kompetenzen) verbunden?
  - Gibt es sonstige Hindernisse, welche die Besetzung der Stelle erschweren?
- *Komplexität*:
  Werden hohe Anforderungen an den Stelleninhaber, insbesondere im Hinblick auf Prozesse, Kundenanforderungen oder Länderspezifika, gestellt?

Nun können die Mitarbeiterkompetenzen für die identifizierten Schlüsselpositionen abgeleitet und in einem Kompetenzkatalog als Soll-Anforderung zusammengefasst werden. In der Praxis ist es nicht sinnvoll, mit beispielsweise 64 Kompetenzen, wie sie der Kompetenzatlas von Erpenbeck und Heyse vorgibt, zu agieren, da ein solches Zielsystem für die Steuerung der individuellen Lernprozesse zu unübersichtlich ist. Wir haben jedoch gute Erfahrungen damit gemacht, für die einzelnen Mitarbeitergruppen daraus Soll-Profile mit 12 bis 16 Kompetenzen zu extrahieren, die für die jeweiligen Herausforderungen besonders wichtig sind (Abb. 3.3).

Ein Team aus Fach- und Führungskräften entwickelt nach folgenden Leitfragen unter kompetenter Moderation die einzelnen Soll-Profile:

- Welche 3 bis 5 strategischen Ziele werden mit der Stelle verfolgt?
- Welche 12 bis 16 strategischen Kompetenzanforderungen (z. B. aus dem Kompetenzatlas) mit allgemeiner Verbindlichkeit sind für den Stelleninhaber notwendig?
- In welcher Ausprägung bzw. Bandbreite sollten diese Kompetenzen vorhanden sein?
- Wie können diese Kompetenzanforderungen unternehmensspezifisch formuliert werden?
- Mit welchen Verhaltensankern können diese Kompetenzen operationalisiert werden?
- Welche Empfehlungen zur individuellen Kompetenzentwicklung können daraus abgeleitet werden?

Daraus werden jeweils die Soll-Profile abgeleitet (Abb. 3.4):
Diese Sollprofile bestimmen auch die erforderliche Bandbreite einer Kompetenzausprägung für einen definierten Aufgabenbereich. In einem weiteren Schritt

Kompetenzanforderung und deren Bedeutsmkeit heute und in den nächsten Jahren	wenigerwichtig (1)	teilweise wichtig (2)	ziemlich wichtig (3)	deutlich wichtig (4)	sehr wichtig (5)	äußerst wichtig (6)	Ergebnis, gewichtet
1. Akquisitionsstärke	0	0	0	0	1	5	35
16. Ergebnisorientiertes Handeln	0	0	0	0	2	4	34
11. Dialogfähigkeit/Kundenorientierung	0	0	0	0	3	3	33
64. Zuverlässigkeit	0	0	0	0	3	3	33
13. Eigenverantwortung	0	0	0	1	2	3	32
63. Zielorientiertes Führen	0	0	0	0	4	2	32
4. Ausführungsbereitschaft	0	0	0	1	3	2	31
15. Entscheidungsfähigkeit	0	0	0	1	3	2	31
26. Glaubwürdigkeit	0	0	0	1	3	2	31
33. Kommunikationsfähigkeit	0	0	0	1	3	2	31
44. Normativ-ethische Einstellung	0	0	0	0	5	1	31
55. Selbstmanagement	0	0	0	0	5	1	31
59. Tatkraft	0	0	0	0	5	1	31
41. Marktkenntnisse	0	0	0	2	2	2	30
9. Beziehungsmanagement	0	0	0	1	4	1	30
14. Einsatzbereitschaft	0	0	0	1	4	1	30
40. Loyalität	0	0	0	1	4	1	30
35. Konsequenz	0	0	0	0	6	0	30
50. Problemlösungsfahigkeit	0	0	0	0	6	0	30
22. Folgebewußtsein	0	0	0	1	2	2	29
30. Initiative	0	0	0	0	4	1	29
34. Konfliktlösungsfähigkeit	0	0	0	0	4	1	29

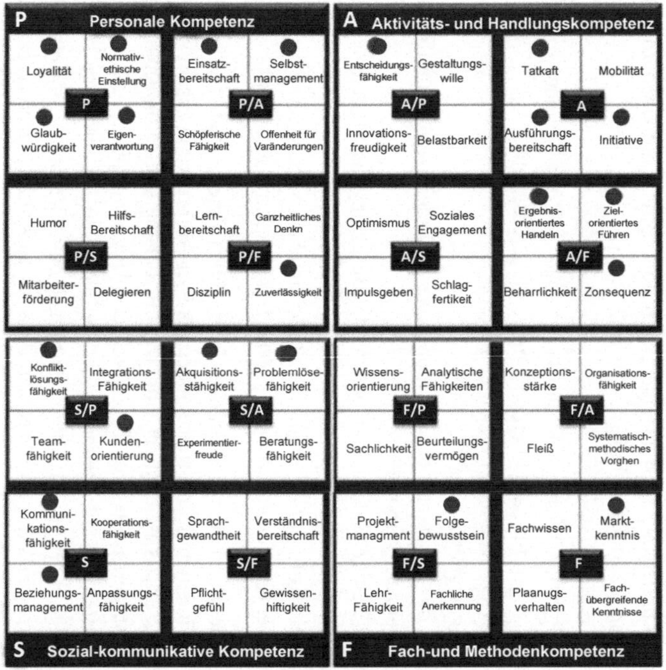

Abb. 3.3 Auswahl der Kompetenzen aufgrund des Kompetenzatlas nach Erpenbeck und Heyse (Praxisbeispiel)

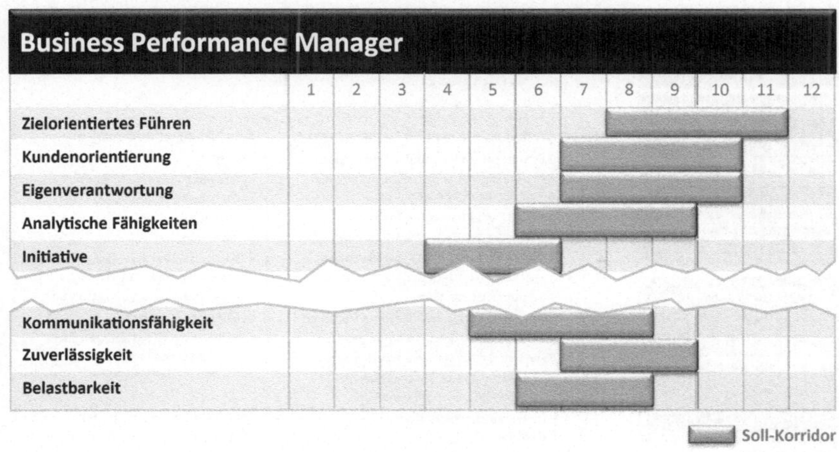

Abb. 3.4 Soll-Kompetenzprofil (Praxisbeispiel)

definieren die Teilnehmer des Workshops zur Entwicklung des Kompetenzprofils die einzelnen Kompetenzen. Auf Basis von Standardformulierungen leiten sie dabei Definitionen ab, die sich an der unternehmensinternen Sprache und dem konkreten Bedarf orientieren. Damit entstehen unternehmens- und aufgabenspezifische Kompetenzprofile (Abb. 3.5).

3.3   Validierungsphase

Im Abgleich mit den jeweiligen Soll-Profilen werden nun die Ist-Kompetenzen der Mitarbeiter erhoben. Dies erfolgt häufig mit einer Selbsteinschätzung, die schrittweise durch Fremdeinschätzungen, z. B. durch Lernpartner, Lernbegleiter oder Führungskräfte (360°-Messung) erweitert wird. Die Kompetenzmessungen erfolgen immer häufiger online.

Für die Kompetenzmessung gibt es verschiedene Verfahren: (Vgl. Erpenbeck und v. Rosenstiel 2007)

- *Beobachtung von Handlungsweisen*: Die *Selbsteinschätzung* von Handlungen in normalen und in schwierigen Situationen bildet wesentliche Voraussetzung für die selbstorganisierte Kompetenzentwicklung. Die *Fremdeinschätzung* wird in der Praxis meist durch Lernpartner, Lernbegleiter und die Führungskräfte durchgeführt.

- *Befragungen*: In Interviews werden mittels der *Critical Incident Technique* (Vgl. Flanagan 1954) gezielt Fragen zum Handeln in kritischen Situationen

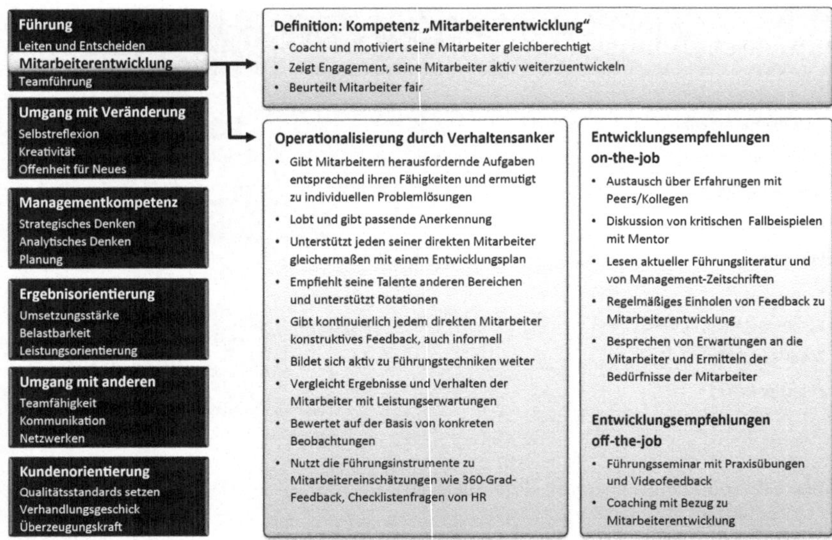

Abb. 3.5 Beispiel eines Soll-Profils mit Definition, Handlungsanker und Entwicklungs-empfehlung (Praxisbeispiel)

gestellt. Grundsätzlich kann die Befragung in mündlicher oder schriftlicher Form durchgeführt werden.

• *Online-Assessments*: Wird in Anlehnung an die Assessment-Center-Methode immer mit mehreren Beobachtern durchgeführt. Die Teilnehmer bearbeiten on-line mehrere realitätsnahe Übungen, z. B. offene, komplexe Fallstudien, Rollenspiele, Diskussionsthemen oder Interviews. Diese Messmethode ist relativ kostengünstig und kann mit hoher Effizienz durchgeführt werden können.

In der Praxis werden meist mehrere Formen der Kompetenzmessung kombiniert. Bei Mitarbeitern, die schon längere Zeit im Unternehmen sind, wird in der Regel die Selbst- und die Fremdeinschätzung durch Lernpartner und Führungskräfte genutzt. Damit besteht die Möglichkeit der Reflexion durch den Vergleich beider Ergebnisse.

Beim Recruiting oder wenn die Führungskraft noch keine Einschätzung abgeben kann, greift man auf Befragungen oder Assessments zurück. Diese beiden Messmethoden werden häufig auch bei Firmenübernahmen oder durch Insolvenzverwalter genutzt (Abb. 3.6).

Die Ergebnisse aus der Validierungsphase können nun mit den Soll-Profilen verglichen werden. Im Mitarbeitergespräch mit der Führungskraft werden alle notwendigen Maßnahmen besprochen und vereinbart, die der Mitarbeiter nach Rücksprache mit seinen Lernpartnern und seinem Lernbegleiter innerhalb seines

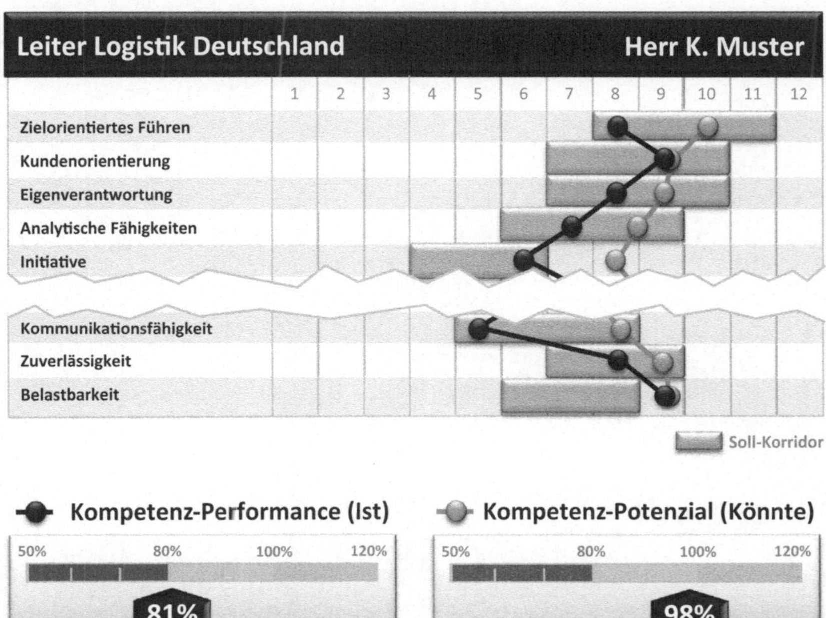

Abb. 3.6 Kompetenz- und Potenzialergebnis (Beispiel)

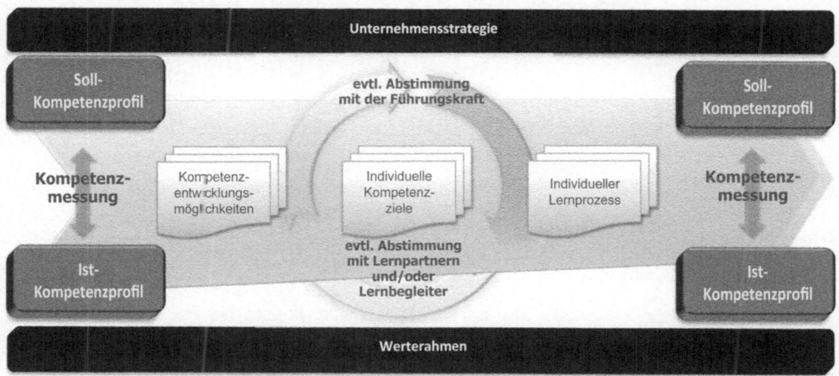

Abb. 3.7 Von der Kompetenzmessung zum individuellen Lernprozess

Ermöglichungsrahmens vorschlägt, um seine Kompetenzen bedarfsgerecht zu entwickeln (Abb. 3.7).

Dies ermöglicht eine individuelle und bedarfsgerechte Kompetenzentwicklung.

Einführung des Kompetenzmanagements

4

Für die Einführung eines Kompetenzmanagements ist eine systematische Vorgehensweise erforderlich. In jedem Veränderungsprozess gibt es verschiedene Phasen, welche immer durchlaufen werden. Es ist notwendig, den Human Change zu verstehen und in den jeweiligen Phasen die Mitarbeitermotivation hochzuhalten und gleichzeitig die Performance kontinuierlich zu steigern (Abb. 4.1).

Es ist sehr wichtig, den Gefühlen und Stimmungen der Mitarbeiter Rechnung zu tragen. In den ersten beiden Phasen entscheidet sich, ob die Veränderungen erfolgreich und nachhaltig im Unternehmen implementiert und von den Mitarbeitern verinnerlicht werden.

4.1 Erfolgsfaktoren

Die Einführung eines Kompetenzmanagements betrifft alle Mitarbeiter und Prozesse eines Unternehmens. Die Organisationsstruktur und die Rahmenbedingungen der Personalführung und -entwicklung werden sich verändern. Damit das Kompetenzmanagement den Anforderungen des Unternehmens und der Mitarbeiter langfristig gerecht und erfolgreich genutzt wird, sind einige wichtige Erfolgsfaktoren zu beachten.

- *Mehrwert und Ziele sicherstellen:* Das Management muss deutlich aufzeigen, dass es das Kompetenzmanagement als zentrale und notwendige Herausforderung für das gesamte Unternehmen sieht. Durch Mitwirkung in Entwicklungs-Workshops sollte die obere Führung verdeutlichen, welche Bedeutung sie der Konzeption beimisst. Hierbei sind insbesondere folgende Fragen zu beantworten:

© Springer Fachmedien Wiesbaden 2016
W. Sauter, F.-P. Stauct, *Strategisches Kompetenzmanagement 2.0*, essentials,
DOI 10.1007/978-3-658-11294-3_4

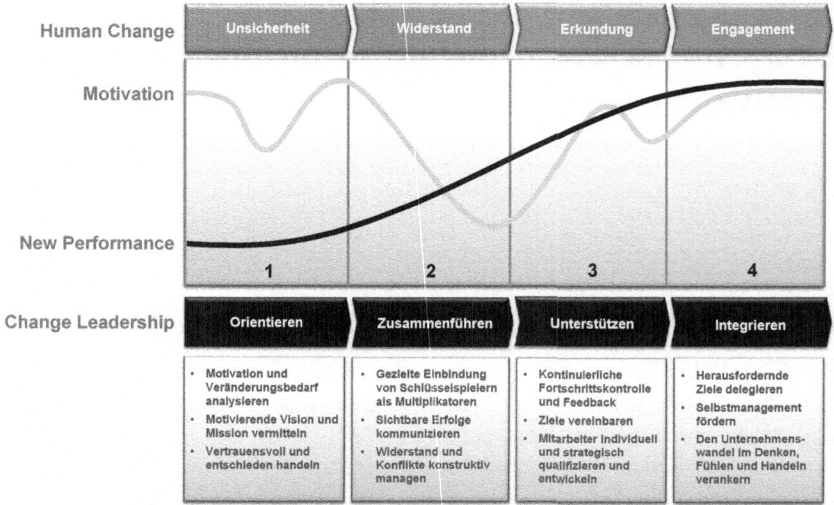

Abb. 4.1 Motivation und Performance im Laufe eines Veränderungsprojekts

- Welche überprüfbaren Ziele werden mit dem Kompetenzmanagement verfolgt?
- Welchen Nutzen im Hinblick auf die strategischen Ziele der Unternehmung erwartet die Unternehmensleitung durch das Kompetenzmanagement?
- Welche Ressourcen personeller, organisatorischer und finanzieller Art stehen für die Entwicklung und Implementierung des Kompetenzmanagements zur Verfügung?
- Welche Konsequenzen ergeben sich für die Führungskräfte und Mitarbeiter im Entwicklungs- und Implementierungsprozess?
- Wie können sich die Führungskräfte und Mitarbeiter im Hinblick auf diese Veränderungen entwickeln?
- Die Geschäftsleitung sollte mit den Mitarbeitern eine Vereinbarung treffen, die für beide Seiten vorteilhaft ist:
  - Die Mitarbeiter stellen ihre Kompetenzen, Wissen und Fertigkeiten dem Unternehmen zur Verfügung, um die Unternehmensziele zu erreichen.
  - Das Unternehmen investiert in die Entwicklung der Mitarbeiter und „entschädigt" das Engagement der Mitarbeiter durch direkte oder indirekte Vergütung.

Es hat sich bewährt, diesen Prozess als einheitliches *Schwerpunktthema* (Korridorthema) im gesamten Unternehmen kollaborativ über den gesamten Implementierungszeitraum zu bearbeiten.[1] Alle Führungskräfte und Mitarbeiter werden mit einem gemeinsam entwickelten Handlungsraster dafür sensibilisiert, in ihren Teambesprechungen und Mitarbeitergesprächen den Ansatz des Kompetenzmanagements zu diskutieren und weiterzuentwickeln. Die Ergebnisse aus diesen Lernprozessen werden in einem gemeinsamen Kommunikationsprozess mittels Social Software kommuniziert und diskutiert.

- *Projektteam und Verantwortlichkeiten klären:* Die Entwicklung und Implementierung des Kompetenzmanagements ist ein Veränderungsprozess, der Zeit erfordert. Insbesondere muss erreicht werden, dass sich die Führungskräfte und Mitarbeiter mit diesem Ansatz identifizieren und Ängste abgebaut werden. Deshalb ist es wichtig, dass die Prozesse und die Rechte im Kompetenzmanagement klar definiert werden:
  - Wie sind die zukünftigen Rollen des zentralen Kompetenzmanagements, der Führungskräfte und der Mitarbeiter im Prozess des Kompetenzmanagements definiert?
  - Wer wird zukünftig wie mit den Informationen im Kompetenzmanagement arbeiten?
  - Wer hat welche Zugriffsrechte auf die Kompetenzprofile der Mitarbeiter?
  - Wie werden die Kompetenzen der Mitarbeiter gemessen?
  - Wie ist das Kompetenzmanagement in das Führungssystem integriert?
  - Wie wird mit Differenzen zwischen Selbst- und Fremdeinschätzung umgegangen?
  - Wie grenzt sich das Kompetenzmanagement von der Leistungsbeurteilung ab?
  - Welche Kompetenzentwicklungsmöglichkeiten stehen den Mitarbeitern zur Verfügung?

Daher muss ein Projektteam installiert werden, das professionelles Projektmanagement sicherstellt und vom Top-Management in allen Belangen unterstützt wird. Hierzu gehören insbesondere die Kommunikation, das interne Marketing und die strategische Ausrichtung. Bei der Zusammenstellung des Teams sollte darauf geachtet werden, dass alle betroffenen Mitarbeitergruppen vertreten sind. Da in diesem Prozess naturgemäß auch Interessengegensätze aufeinanderprallen, bietet sich eine externe Moderation durch Kompetenz-Experten an.

---

[1] Vgl. Stiefel (2010).

- *Mitarbeitervertretung einbeziehen:* In der Praxis hat sich bewährt, die Personalvertretung von Anfang an aktiv in den Prozess einzubeziehen. Dies erhöht die Akzeptanz der Mitarbeiter, und die Erfahrungen und das Wissen der Personalvertreter hilft, frühzeitig arbeits- und datenschutzrechtliche Herausforderungen zu bewältigen.
- *Mit Pilotprojekt beginnen:* Es empfiehlt sich vor der Einführung des Kompetenzmanagements im gesamten Unternehmen, zunächst mit einem Piloten zu beginnen. Dieser dient als Test, um mögliche Schwachstellen des neuen Systems zu erkennen und diese zu korrigieren. Nachdem die Tests erfolgreich durchgeführt wurden, werden das Modell und die neuen Prozesse auf das gesamte Unternehmen übertragen. Insellösungen sollten dabei von Anfang an vermieden werden.
- *Professionelles Marketing aufbauen:* Die Einführung des Kompetenzmanagements ist durch eine wirksame Informations- und Kommunikationsstrategie zu unterstützen. Hierbei sind die Notwendigkeit, die Wirkungsweise und der Nutzen des Systems herauszustellen. Es muss verdeutlicht werden, in welcher Weise jeder Mitarbeiter vom Kompetenzmanagement profitiert. Dabei ist wesentlich, dass jeder Mitarbeiter sein Kompetenzprofil durch eigene Entwicklungsbemühungen gezielt verbessern kann und damit seine Beschäftigungsfähigkeit und Entwicklung im Unternehmen und für sich selbst günstig beeinflusst. Gleichzeitig haben die Mitarbeiter die Gewissheit, dass sie mit ihren Fähigkeiten unternehmensweit „sichtbar" sind. Für die Führungskräfte gilt darüber hinaus, dass sie durch das Kompetenzmanagement eine Datenbasis für bedarfsgerechte Personalentscheidungen erhalten, die ihre Arbeit spürbar erleichtert und sie vom Legitimationsdruck entlastet. Mit einem guten internen Marketing wird die Akzeptanz der Mitarbeiter frühzeitig hergestellt.
- *Führungskräfte entwickeln:* Ein Kompetenzmanagement wird nur dann erfolgreich genutzt, wenn Führungskräfte aktiv die Rolle eines Entwicklungspartners ihrer Mitarbeiter übernehmen. Deshalb müssen sie in der Lage sein, die Instrumente des Kompetenzmanagements zielgerichtet anzuwenden. Da sie dabei auch ihr eigenes Führungshandeln zu verändern haben, muss man ihnen Zeit geben, sich damit auseinanderzusetzen. Sie sollten ihre Führungskompetenzen selbstorganisiert innerhalb eines Ermöglichungsrahmens, gemeinsam mit ihren Lernpartnern, entwickeln und in der Praxis anwenden dürfen.
- *Ressourcen bereitstellen:* Eine realistische Kalkulation des Projekts muss vorab erstellt und von den Entscheidungsträgern getragen werden. Hierbei geht es nicht nur um die finanziellen Aspekte, sondern um die personellen und tech-

nischen Ressourcen. Mit der Geschäftsleitung, dem Personalmanagement und den Führungskräften werden in mehreren Workshops die verschiedenen Kompetenzprofile und die Prozesse im Detail beschrieben und dokumentiert. Dies ist je nach Größe des Unternehmens für eine bestimmte Zeit eine Vollzeitaufgabe. Da das Kompetenzmodell alle zentralen Prozesse der Personalarbeit und Personalführung beeinflusst, ist eine Integration in die bestehenden IT-Systeme und die Organisation sicherzustellen.

- *Methodische Unterstützung sicherstellen:* Die detaillierte Ausarbeitung des Kompetenzmodells ist ein komplexes Vorhaben. Hinzu kommt, dass das notwendige methodische Know-how nicht in jedem Unternehmen vorhanden ist. In der Praxis hat es sich bewährt, einen externen Experten hinzuzuziehen, der methodische Fragen klärt und die Projektmitarbeiter bei den Herausforderungen des Veränderungsmanagements unterstützt.

4.2   Prozess des Kompetenzmanagements

*Strategisches Kompetenzmanagement 2.*0 ist ein integraler Bestandteil der Unternehmensorganisation und der Unternehmensprozesse unter Nutzung von Social Software, um die strategischen Ziele der Unternehmung zu erreichen. Durch die Integration in die bestehenden Kennzahlen- und Controlling-Systeme, die Nutzung von Big Data und die Bereitstellung von spezifischen Informationen leistet das Kompetenzmanagement einen wesentlichen Beitrag zur Unternehmensstrategie und -planung.

Grundsätzlich kann Kompetenzmanagement in zwei unterschiedlichen Ansätzen implementiert werden:

- *Als Unterstützungsprozess* dient das Kompetenzmanagement allen anderen Prozessen, indem es Mitarbeiter mit den passenden Kompetenzen für vorgegebene Aufgaben identifiziert.
- *Als Managementprozess* symbolisiert das Kompetenzmanagement, dass die Geschäftsleitung die Mitarbeiter und deren Entwicklung als einen wesentlichen Faktor zur Erreichung der Unternehmensziele sieht.

Auch nach der Einführung des Kompetenzmanagements müssen die Prozesse permanent evaluiert und angepasst werden. Christine Kunzmann und Andreas

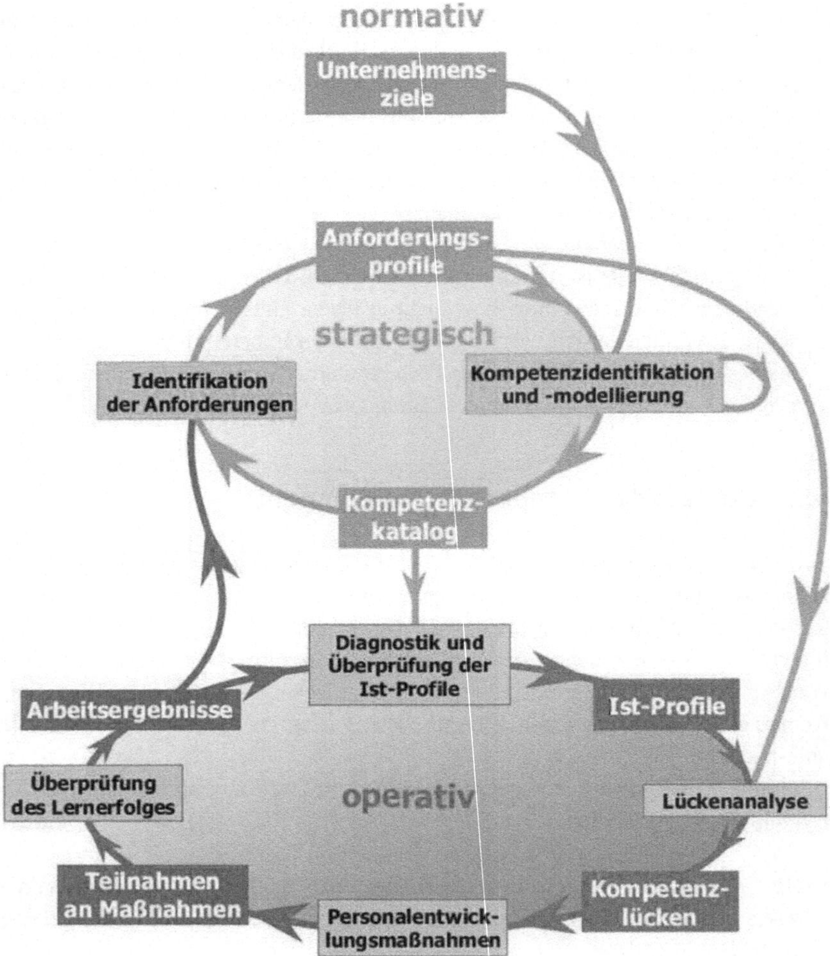

Abb. 4.2 Prozess des Kompetenzmanagements

Schmidt haben diesen Prozess des Kompetenzmanagements übersichtlich darge-
stellt (Abb. 4.2)[2].

Alle Prozessschritte müssen in diesem Kreislauf permanent überprüft und ge-
gebenenfalls angepasst werden. Veränderungen können sich aus einer anderen
Unternehmensstrategie, veränderten Wertesystemen oder operativen Anpassungen
ergeben.

---

[2] Vgl. Kunzmann und Schmidt (2007).

Kompetenzmanagement 2.0

5

Wie verändern die Entwicklungen rund um Web 2.0 das Kompetenzmanagement in Unternehmen? Lernen und Arbeiten, und damit Kompetenzentwicklung, werden in Zukunft zusammenwachsen und vermehrt im Netz stattfinden. Der Fokus des Kompetenzmanagements wird sich von formellen zu informellen, kommunikativen, kollaborativen und selbstgesteuerten Formen der Kompetenzentwicklung verschieben.

Um solche Kompetenzentwicklungsprozesse zu ermöglichen und umzusetzen, wird eine Lernarchitektur benötigt, die die notwendigen Technologien des Web 2.0 für Social Learning, die entsprechende Didaktik und Methodik sowie die strategische Orientierung zur Verfügung stellt. Das zentrale Kompetenzmanagement schafft den notwendigen Ermöglichungsrahmen für Kompetenzentwicklung, die Verantwortung für die individuellen Entwicklungsprozesse liegt jedoch bei jedem Mitarbeiter selbst. Dabei wird er von seinen Lernpartnern, seinem Lernbegleiter und seiner Führungskraft unterstützt.

Die Architektur des Kompetenzmanagements 2.0 schafft einen Rahmen, der partizipatives, kollaboratives und feedbackorientiertes Lernen am Arbeitsplatz und im Netz ermöglicht. Während Informationen über Mitarbeiter und ihre Kompetenzen bisher streng kontrolliert in der Personalabteilung abgelegt wurden, wachsen in der Enterprise 2.0 die Daten zusammen. In ihrem E-Portfolio führen die Mitarbeiter selbst alle relevanten Daten für ihre Kompetenzentwicklungs-Prozesse zusammen.

© Springer Fachmedien Wiesbaden 2016
W. Sauter, F.-P. Staudt, *Strategisches Kompetenzmanagement 2.0*, essentials,
DOI 10.1007/978-3-658-11294-3_5

5.1   Kompetenz-Map

Kompetenzmanagement 2.0 verknüpft Instrumente des zentralen Kompetenzmanagements, insbesondere die *Kompetenz-Map*, Kompetenzmodelle und aggregierte Soll- und Ist-Kompetenzprofile mit einem Ermöglichungsrahmen für selbstorganisierte Kompetenzentwicklung. Die Kompetenz-Map schafft Transparenz über die vorhandenen und notwendigen Kompetenzen im gesamten Unternehmen. Dabei werden Fragen gestellt wie:

- Welche Kompetenzen sind insgesamt im Unternehmen vorhanden?
- Welche Mitarbeiter bzw. Mitarbeitergruppen besitzen welche Kompetenzen in welcher Ausprägung?
- Welche Mitarbeiter nutzen welche Kompetenzen?
- Welche Kompetenzen im Unternehmen liegen brach?

Diese Kompetenzen sollten daraufhin bewertet werden, welchen Wert sie für das Unternehmen bzw. die Unternehmensentwicklung haben. Dazu sollten folgende Fragen beantwortet werden:

- Wie wichtig sind die einzelnen Kompetenzen für das Unternehmen und seine strategische Entwicklung?
- Welche Kompetenzen zur Strategieumsetzung sind nicht oder nicht ausgeprägt genug vorhanden?
- Welche Kompetenzen werden zusätzlich benötigt, um die zukünftigen Herausforderungen zu bewältigen?
- Steht der Aufwand für die Kompetenzentwicklung in einem akzeptablen Verhältnis zu den erzielbaren Erlösen? [1]

Eine strategische Kompetenz-Map auf Unternehmensebene stellt die notwendigen strategischen Kompetenzen, deren Ausprägung (Kompetenz-Level) und deren Einfluss auf den Umsatz und Gewinn dar (Abb. 5.1).

Würde beispielsweise die Kompetenz „Kundenorientierung" von derzeit knapp 75 % auf nahe 100 % unternehmensweit ausgebaut, könnte der Umsatz des Unternehmens mit dem Faktor 2,8, der Gewinn mit dem Faktor 2,0, steigen.

---

[1] Vgl. von der Gathen (2014).

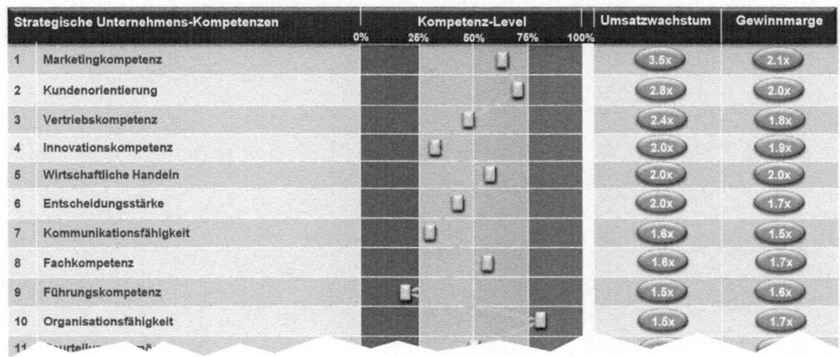

Abb. 5.1 Strategische Kompetenz-Map, Unternehmenssicht

5.2 Soziale Kompetenzentwicklungs-Plattform

Die Lern- und Webtechnologie des Web 2.0 ist bereits heute geeignet, Kompetenzentwicklung im Netz zu unterstützen. Grundlage dafür sind Soziale Lernplattformen, die sich wesentlich von den bisherigen Learning-Management-Systemen für formelle Lernprozesse unterscheiden.[2]

Soziale Kompetenzentwicklungs-Plattformen bieten eine kollaborative Lern-Infrastruktur, die formelles Lernen *(Cooperative Learning)* und informelles Lernen im Prozess der Arbeit *(Collaborative Working)* ermöglicht (Abb. 5.2).

Diese Infrastruktur für Kompetenzmanagement und -entwicklung nutzt damit die gleichen Netzwerke und sozialen Medien, die im Rahmen des Social Business eingesetzt werden. Sie verbindet die Mitarbeiter mit den Instrumenten, die sie für ihre Lern- und Arbeitsprozesse benötigen. Damit sind sie sehr gut geeignet, Kompetenzentwicklungsprozesse im Netz zu ermöglichen.

Auf Basis des Social Business und Sozialer Lernplattformen entstehen *Enterprise Social Networks (ESP)*, also unternehmensinterne Netzwerke, die Kollaboration, Kommunikation und den Austausch von Erfahrungswissen zwischen den Lernern ermöglichen.[3] Viele entstehen dabei auf Eigeninitiative der Mitarbeiter.

Kompetenzentwicklung setzt Arbeits- und Lernräume voraus, die sowohl selbstgesteuerten Wissensaufbau und Qualifikation sowie sozialkommunikative

---

[2] Vgl. Hölterhof und Kerres (2011).

[3] Vgl. Hart (2013).

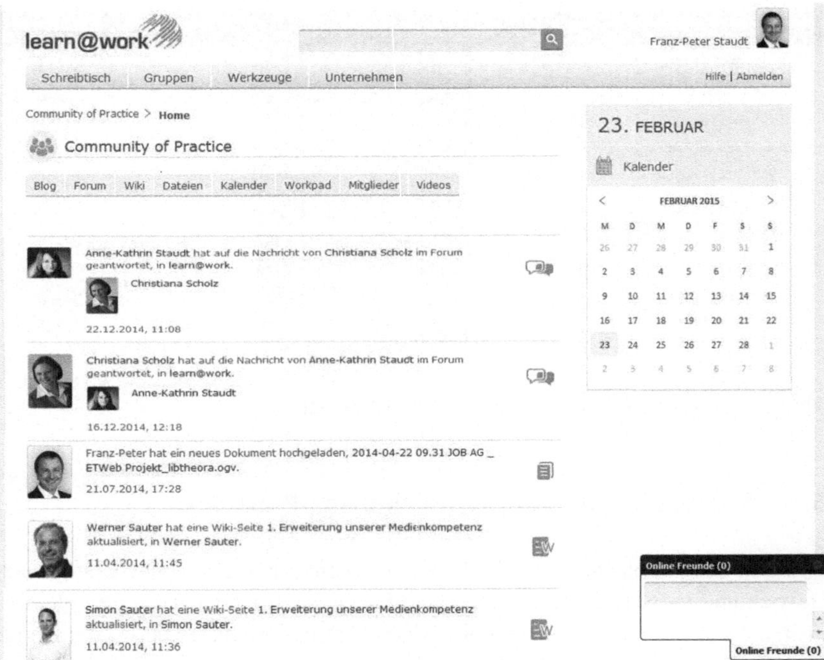

Abb. 5.2 Nutzeroberfläche in einer Sozialen Lernplattform (Beispiel learn@work)

und kollaborative Lernaktivitäten am Arbeitsplatz und im Netz ermöglichen. Deshalb müssen Soziale Lernplattformen zwei Bereiche des Lernens abdecken:

- *Kooperatives Lernen*: Formelles Lernen im Rahmen vorgegebener Lernziele und Inhalte mit verschiedenen Trainingsmethoden und einer Learning Community (*„Soziales Training"*)
- *Kollaboratives Arbeiten = Lernen*: Informelles Lernen am Arbeitsplatz (*„Workplace Learning"*), indem mit Lernpartnern kollaborativ Problemstellungen aus der Praxis oder in Praxisprojekten bearbeitet werden, und Austausch von Erfahrungswissen in Communities of Practice *(„Soziales Lernen – Social Collaboration"*)

Daraus ergibt sich folgende Struktur der Sozialen Kompetenzentwicklungs-Plattform für strategisches Kompetenzmanagement 2.0 (siehe Abb. 5.3):

Soziale Kompetenzentwicklungs-Plattformen bilden damit eine Synthese aus offenen Kommunikations- und Lernräumen, ähnlich wie in Sozialen Netzwerken, und geschützten Lernumgebungen der Kurse. Im Kursraum sind die Lernmateria-

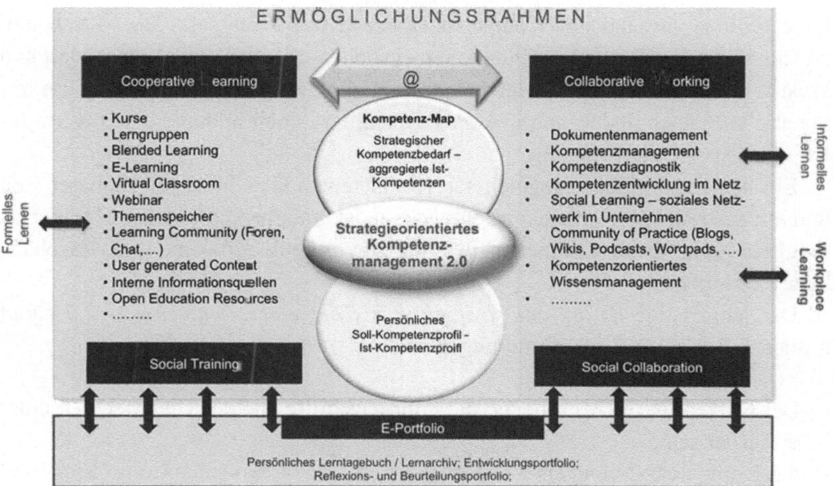

Abb. 5.3 Struktur der Sozialen Kompetenzentwicklungs-Plattform

lien und Tools eingestellt, die Lerner erhalten Arbeitsaufträge und Lernmaterialien für selbstorganisierte Lernprozesse und können ihren Lernstatus einsehen. Daneben können sich die Lerner in sozialen Gruppen zu beliebigen Themen austauschen, so dass Communities wesentlich differenzierter abgebildet werden können.

In sozialen Kompetenzentwicklungs-Plattformen werden Lernpartner miteinander vernetzt. Damit stehen die Aktivitäten der Mitarbeiter und Führungskräfte und ihre Interaktion im Vordergrund und nicht Dokumente und Lernmaterialien. Die soziale Kompetenzentwicklungs-Plattform bildet somit den personalisierten und dynamischen Zugang zum eigenen Arbeits- und Lernbereich im Netz.

Diese Lernumgebung wird damit zu einer sozialen Kompetenzgemeinschaft, in der die Lernenden gemeinsam Problemstellungen aus ihrer Praxis sowie in Praxisprojekten bearbeiten und damit gleichzeitig ihre Kompetenzen aufbauen, sich aktiv über Themen austauschen, Kommentare hinterlassen oder Beiträge ihrer Lernpartner bewerten.

5.3 Fazit

Ohne ein strategisches Kompetenzmanagement werden Unternehmen in Zukunft nicht mehr wettbewerbsfähig sein. Die Anforderungen an die Mitarbeiter, Führungskräfte und Organisationen sind so vielfältig, schnelllebig und unvorhersehbar, dass eine Planung zum größten Teil nicht mehr möglich ist. Daher sind die im

Unternehmen vorhandenen Kompetenzen der kritische Engpass. Die Mitarbeiter, welche sich schnell auf neue Situationen einstellen und diese selbstorganisiert und kreativ lösen, machen den Unterschied im Kompetenzwettbewerb aus. Diese immateriellen Güter findet man in keiner Bilanz und doch bilden sie den Kern des Erfolges eines Unternehmens.

Ein aus der Strategie abgeleitetes Kompetenzmodell in überschaubarer Zeit und mit vertretbarem Aufwand zu entwickeln, ist unter professioneller Moderation möglich. Auch für die Kompetenzmessung gibt es heute effiziente und wirtschaftliche Lösungen.

Der langfristige Erfolg des *strategischen Kompetenzmanagements 2.0* hängt grundsätzlich von zwei Anforderungen ab:

- Der Nutzen für die Mitarbeiter, die Führungskräfte und das Unternehmen muss erfahrbar sein,
- das Kompetenz-Management-System wird in die bestehenden Controlling- und Monitorsysteme integriert.

Nur wenn diese Aspekte bei der Konzeption berücksichtigt und konsequent umgesetzt werden, können die Chancen des strategischen Kompetenzmanagements 2.0 voll ausgeschöpft werden. Daher ist dieser Ansatz in alle Prozesse und Systeme des Unternehmens zu integrieren. Strategieorientiertes Kompetenzmanagement 2.0 ermöglicht die laufende Messung der Performance, die Identifizierung von Mitarbeiterpotenzialen sowie die selbstorganisierte Kompetenzentwicklung im Unternehmen. Damit trägt es wesentlich mit dazu bei, die Strategie der Unternehmung erfolgreich umzusetzen.

Was Sie aus diesem Essential mitnehmen können

- Die Begründung dafür, warum jedes Unternehmen ein professionelles Kompetenzmanagement benötigt
- Das Verständnis für die Rolle und die Merkmale eines bedarfsgerechten Kompetenzmanagements im Unternehmen
- Praxiserprobte Hinweise zur Gestaltung des Prozesses zur Entwicklung und Implementierung eines Kompetenzmodells
- Ansätze zur erfolgreichen Steuerung der Kompetenzentwicklung in Unternehmen mit einer Kompetenz-Map und über eine Soziale Kompetenzentwicklungs-Plattform
- Erfolgsfaktoren für erfolgreiches Kompetenz-Management in der Enterprise 2.0

© Springer Fachmedien Wiesbaden 2016
W. Sauter, F.-P. Staudt, *Strategisches Kompetenzmanagement 2.0*, essentials,
DOI 10.1007/978-3-658-11294-3

Literatur

Barthel, E., Hanft, A., & Hasebrook, J. (Hrsg.). (2011). *Integriertes Kompetenzmanagement – Innovationsstrategien als Aufgabe der Organisations- und Personalentwicklung* (S. 203). Münster: Waxmann.

Boyatzis, R. E. (1982). *The competent manager – A model for effective performance.* New York: John.

Erpenbeck, J. (1984). *Motivation, ihre Psychologie und Philosophie.* Berlin: Akademie Verlag.

Erpenbeck, J., & Hasebrook, J. (2011). Sind Kompetenzen Persönlichkeitseigenschaften? In W. Faix & M. Auer (Hrsg.). *Kompetenz, Persönlichkeit, Bildung* (S. 227–262). Stuttgart: Steinbeis.

Erpenbeck, J., & Heyse, V. (2007). *Die Kompetenzbiographie* (2. Aufl). Münster: Waxmann.

Erpenbeck, J., & v. Rosenstiel, L. (2007). *Handbuch Kompetenzmessung. Erkennen, verstehen und bewerten von Kompetenzen in der betrieblichen, pädagogischen und psychologischen Praxis.* Stuttgart: Schaeffer Poeschel.

Erpenbeck, J., & Sauter, W. (2007). *Kompetenzentwicklung im Netz. New Blended Learning mit Web 2.0.* Köln: Luchterhand.

Flanagan, J. C. (1954). The critical incident technique. Psychological Bulletin; American Institute for Research and University of Pittsburgh.

von der Gathen, A. (2014). *Das große Handbuch der strategischen Instrumente – Werkezuge für eine erfolgreiche Unternehmensführung.* Frankfurt a. M.: FAZ.

Grote, S., Kauffeld, S., & Frieling, E. (Hrsg.). (2012). *Kompetenzmanagement.* Stuttgart: Schaeffer Poeschel.

Hart, J. (2013). 12 steps to successful social learning. http://de.slideshare.net/janehart/lt13-ss. Zugegriffen: 10. Feb. 2015.

Heintze, A. (2005). Führen mit Werten – Werte schaffen durch Führung. In E. Walther-Klaus & A. Reuter (Hrsg.), *Wissens- und Wertemanagement in Theorie und Praxis* (S. 199–236). Saarbrücken: VDM Verlag Dr. Müller.

Heyse, V., & Erpenbeck, J. (Hrsg.). (2007). *Kompetenzen managen.* Berlin: Waxmann.

Heyse, V., Erpenbeck, J., & Ortmann, S. (Hrsg.). (2010) *Grundstrukturen menschlicher Kompetenzen: Praxiserprobte Konzepte und Instrumente.* Berlin: Waxmann.

© Springer Fachmedien Wiesbaden 2016

W. Sauter, F.-P. Staudt, *Strategisches Kompetenzmanagement 2.0*, essentials,

DOI 10.1007/978-3-658-11294-3

Hölterhof, T., & Kerres, M. (2011). Modellierung sozialer Kommunikation in Social Software und Lernplattformen, Informatik 2011. 41. Jahrestagung der Gesellschaft für Informatik, TU Berlin.

Hossiep, R., & Mühlhaus, O. (2005). *Personalauswahl und -entwicklung mit Persönlichkeitstests*. Göttingen: Hogrefe.

Kuhlmann, A., & Sauter, W. (2008). *Innovative Lernsysteme. Kompetenzentwicklung mit Blended Learning und Social Software*. Heidelberg: Springer.

Kunzmann, C., & Schmidt, A. (2007). Kompetenzorientierte Personalentwicklung – Auf dem Weg zum Lernen bei Bedarf. In ERP Management. Ausgabe, 3/2007, S. 38–41.

Malik, F. (2007). *Management – Das A und O des Handwerks*. Frankfurt a. M.: FAZ.

Mansfield, R. S. (1996). Building competency models: Approaches for HR professionals. In Human Resource Management.

McAfee, A. (2010). Eine Definition von Enterprise 2.0. In W. Buhse & S. Stamer (Hrsg.), *Die Kunst, loszulassen. Enterprise 2.0* (3. Aufl., S. 18–35). Berlin: Rhombos.

McClelland, D. C. (1972). What is the effect of achievement motivation training in the schools? Teachers college record, Columbia University.

North, K., & Reinhard, K. (2005). *Kompetenzmanagement in der Praxis. Mitarbeiterkompetenzen systematisch identifizieren, nutzen und entwickeln*. Wiesbaden: Springer.

North, K., Reinhard, K., & Sieber-Suter, B. (2013). *Kompetenzmanagement in der Praxis: Mitarbeiterkompetenzen systematisch identifizieren, nutzen und entwickeln*. Wiesbaden: Springer.

von Rosenstiel, L. (2013). Werthaltungen. In W. Sarges (Hrsg.), *Management-Diagnostik*. Göttingen: Hogrefe.

Sauter, S., & Sauter, W. (2014). *Workplace Learning: Integrierte Kompetenzentwicklung mit kooperativen und kollaborativen Lernsystemen*. Berlin: Springer Gabler.

Schein, E. (1995). *Unternehmenskultur, Ein Handbuch für Führungskräfte*. Frankfurt a. M.: Campus.

Seifter, H., & Economy, P. (2001). *Das virtuose Unternehmen*. Frankfurt a. M.: Campus.

Sonntag, K., & Stegmaier, R. (2007). *Arbeitsorientiertes Lernen, Zur Psychologie der Integration von Lernen und Arbeit*. Stuttgart: Kohlhammer.

Steinberg, R. J., & Grigorenko, E. L. (Hrsg.). (2003). *The psychology of abilities, competencies and expertise*. Cambridge University.

Steinweg, S. (2009). *Talentmanagement und Personalführung*. Stuttgart: Schaeffer Poeschel.

Stiefel, R. Th. (2010). *Strategieumsetzende Personalentwicklung – Schneller lernen als die Konkurrenz*. Wien: Linde.

Wahl, D. (2013). *Lernumgebungen erfolgreich gestalten – Vom trägen Wissen zum kompetenten Handeln* (3. erw. Aufl). Bad Heilbrunn: Klinkhardt.

Wieland, J. (Hrsg.). (2004). *Handbuch Wertemanagement—Erfolgsstrategien einer modernen Corporate Governance*. Hamburg: Murmann.